Coleção Dramaturgia

MATÉI
VISNIEC

CB075638

Biblioteca teatral

Impresso no Brasil, outubro de 2012

Título original: *De la sensation d'élasticité lorsqu'on marche sur des cadavres*
Copyright © Lansman Editeur

Os direitos desta edição pertencem a
É Realizações Editora, Livraria e Distribuidora Ltda.
Caixa Postal: 45321 · 04010 970 · São Paulo SP
Telefax: (5511) 5572 5363
e@erealizacoes.com.br · www.erealizacoes.com.br

Editor
Edson Manoel de Oliveira Filho

Gerente editorial
Gabriela Trevisan

Preparação de texto
Marcio Honorio de Godoy

Revisão
Danielle Mendes Sales e Cristiane Maruyama

Capa e projeto gráfico
Mauricio Nisi Gonçalves / Estúdio É

Pré-impressão e impressão
Gráfica Vida & Consciência

Reservados todos os direitos desta obra. Proibida toda e qualquer reprodução desta edição por qualquer meio ou forma, seja ela eletrônica ou mecânica, fotocópia, gravação ou qualquer outro meio de reprodução, sem permissão expressa do editor.

Da Sensação de Elasticidade quando se Marcha SOBRE CADÁVERES

Peça livremente inspirada na
obra de Eugène Ionesco

MATÉI Visniec

TRADUÇÃO: LUIZA JATOBÁ

Realizações Editora

Algumas notas

A primeira montagem de uma peça de Eugène Ionesco na Romênia: *Os Rinocerontes*, abril de 1964, no Teatro de Comédia de Bucareste, com direção de Lucian Giurchescu. Turnê em Paris em 1965.

O *gulag* romeno: é estimado em dois milhões de vítimas (presos, internações administrativas, deportados, deslocados, D.O., isto é, pessoas enviadas a um domicílio obrigatório, prisioneiros, pessoas internadas em hospitais psiquiátricos por motivos políticos ou simplesmente pessoas que tenham passado por um interrogatório).

A prisão de Sighet: em 1950, um grupo de notáveis (ex-ministros, acadêmicos, economistas, oficiais, historiadores, políticos...), assim como religiosos, ali ficaram presos. A prisão de Sighet abriga, em condições deploráveis, a elite política, intelectual e cultural da Romênia, o que lhe vale o apelido de "prisão dos ministros". Após a queda do regime comunista, foi escolhida para abrigar o memorial das vítimas do comunismo e da resistência, pois ela é a primeira prisão política implantada pelo regime de inspiração stalinista e porque a experiência romena do comunismo foi uma das mais longas e dolorosas da região.

*

Peça escrita em 2009 no contexto de uma residência na gare do Teatro de Vitry-sur-Seine. Encomendada pela Companhia da Gare. Ajuda à residência: Região Ile-de-France.

A primeira leitura pública desta peça foi realizada no Teatro do Rond-Point, no contexto de Terças ao Meio-Dia pela Companhia da Gare, em 3 de fevereiro de 2009. Leitura dirigida por Mustapha Aouar, com Fabricio Clement, Majida Ghomari, Miglen Mirtchev, Christian Mulot e Guillaume Rian.

Uma leitura dramática da peça foi apresentada em 14 de maio de 2009 na embaixada da romênia, hotel de Béhague, em Paris, com parceria da delegação romena da Unesco, no centenário do aniversário de nascimento de Eugène Ionesco. Evento gravado em vídeo por Mustapha Aouar, pela Companhia da Gare.

*Quando a justiça não consegue ser uma forma de memória,
só a memória pode ser uma forma de justiça.*
Ana Blandiana – poeta.

Esta peça é dedicada
a Eugène Ionesco.

AS PERSONAGENS

O POETA

O REDATOR-CHEFE

A GARÇONETE (MITZI)

O SECRETÁRIO DA COMISSÃO IDEOLÓGICA PARA A LITERATURA

VERA, *a irmã do poeta*

O MARIDO DE VERA

O FILÓSOFO

O ANTIGO MINISTRO

O ANTIGO MAGISTRADO

O JUIZ

O DIRETOR DA PRISÃO

TRÊS ESPECIALISTAS EM MENSAGENS CODIFICADAS

O DIRETOR DE TEATRO

A MULHER DE CABELOS DE FOGO

Outras personagens secundárias, como o datilógrafo, o pessoal da mudança, Mirela, os atores que ensaiam, o cego, etc.

Esse espetáculo pode ser representado no mínimo por duas mulheres e quatro homens. O redator-chefe, o secretário da Comissão e o diretor do teatro podem perfeitamente ser representados pelo mesmo ator.

Matéi Visniec recentemente recebeu:

- o Prêmio Europeu 2009 da SACD;

- um dos Favoritos da Imprensa 2009 no festival OFF de Avignon pela peça *A Palavra Progresso na Boca de Minha Mãe Soava Terrivelmente Falsa*;

- um dos Favoritos da Imprensa 2008 no festival OFF de Avignon pela peça *Os Desvãos Cioran ou Mansarda em Paris com Vista para a Morte*.

INTRODUÇÃO

Esta peça nasce do desejo de homenagear Eugène Ionesco para comemorar o centenário de seu nascimento.

Na época em que eu descobria as peças de Ionesco, numa Romênia comunista onde o absurdo cotidiano rivalizava com a peça do absurdo, descobri na verdade a liberdade absoluta e uma ferramenta extremamente eficaz de luta contra a opressão, a burrice e o dogmatismo ideológico. Depois de ler as peças de Ionesco, nunca mais tive medo de nada na vida. Mais do que qualquer sistema filosófico ou livro de sabedoria, foi Ionesco que me ajudou a compreender o homem e suas contradições, a alma humana, a vida e o mundo.

Mas desejo também dedicar esta peça a todos os escritores do Leste Europeu que combateram a "literatura de estado" e "a arte oficial", às vezes ao preço de terríveis provações e sofrimentos.

Como uma homenagem a Ionesco, esta peça certamente evoca seu universo e sobretudo as personagens e as situações dramáticas de várias de suas peças (*A Cantora Careca, A Lição, As Cadeiras, Os Rinocerontes...*).

A cena 4 e a cena 9 são uma *blague* literária à maneira de Ionesco para fazer "entrar" seus personagens invisíveis na peça *As Cadeiras*.

Na cena suplementar 2, fiz um doutorando morrer da mesma maneira que o aluno da peça de Ionesco *A Lição*.

Enfim, cometi a licença poética de imaginar um sonho (é o sonho de meu personagem principal, poeta e tradutor das peças de Ionesco) no qual se misturam *A Cantora Careca* e *A Lição*...

Para sublinhar o fato de que essa cena (20) é uma alusão e ao mesmo tempo uma citação literária, utilizei outra fonte.

Esclareço que várias réplicas extraídas "palavra por palavra" das peças de Ionesco figuram entre aspas.

Total sacrilégio talvez, mas também homenagem sincera a este grande mestre da escrita que é Ionesco: na minha peça meu personagem é obcecado e perseguido pela... cantora careca. Ela ousa até aparecer e conversar com minha personagem, razão pela qual peço humildemente perdão a Ionesco.

Enfim, quero agradecer àquele que me inspirou a fazer esta peça, pois é o homem que viveu realmente a cena da prisão onde se repete de memória *A Cantora Careca* de Ionesco: trata-se de Nicolae Balotã, escritor e crítico literário. Entre 1956 e 1964, por suas convicções políticas, foi preso na Romênia pelo regime comunista. Nicolae Balotã contou a história de sua prisão em um colóquio sobre Ionesco organizado na ocasião do Salão do Livro de Paris, em março de 2008.

Matéi Visniec

Vários atores que se apressam para começar o espetáculo *O Rinoceronte*, de Ionesco. Entende-se que eles estão em cena atrás da cortina e espiam a sala por um buraco na cortina.

ATOR 1: Até que tem bastante gente…

ATOR 2: Mais que nós?

ATOR 1: O embaixador está aí…

ATOR 2: E Ionesco?

ATOR 1: Não o vejo.

ATRIZ 1: Ele não virá.

ATOR 2: Vem, sim, vem.

ATRIZ 1: Então ele está atrasado.

ATOR 2: Ele nunca chega atrasado. Vem quando quer.

(*Pausa. Escuta-se a agitação do público na sala do espetáculo.*)

Não se preocupem. Ele virá.

ATRIZ 1: São 18 horas em ponto.

ATOR 2: Esperamos ainda três minutos.

ATOR 1: Por mim, não acredito que ele...

ATRIZ 1: Pare!

ATOR 2 (*tenta fazer uma brincadeira para relaxar o clima*)**:** Ionesco é assim... ou não vem ou vem cedo ou vem na hora ou chega atrasado...

ATOR 1: Pare!

ATRIZ 1: Você é um zero à esquerda!

(*Soa a primeira campainha.*)

ATOR 1: Bem, começamos e depois vemos o que fazemos.

Eventual projeção de imagens: um desfile da classe
operária num país comunista do Leste Europeu em 1958
ou 1959. O redator-chefe e o poeta.
Este último lê um poema.

O POETA:
Comemos como porcos
levados por um apetite voraz
atingimos um gozo supremo
e agora nossas bocas pedem repouso
embora ainda ávidas de sabores

Os ventres plenos e os olhos vidrados
a gente quase dormia em volta da mesa
um leve nevoeiro exalava da toalha
as migalhas e as manchas de gordura estavam
    ainda fumegantes
os copos caídos pingavam, as facas enfiadas
nos pedaços de pão e nos bolinhos de carne
continuavam a vibrar docemente
prolongando assim a memória de nossas mãos

cheirava a sangue e a carne moída,
cheirava a vinagre e a pele queimada
cheirava a prato lambido e a suor
estávamos satisfeitos com nosso feito

a história tinha festejado conosco
e agora, descalços, e ela dançava em volta da mesa,
sobre os estilhaços dos vidros quebrados,
estávamos sim, orgulhosos de nós mesmos embora
 um tanto fatigados
e foi então que surgiu a pergunta miserável:

E AGORA QUEM VAI LAVAR A LOUÇA?

Eu não, diz Marx
nem eu, diz Engels
de jeito nenhum, eu não, responde Lênin
havia ainda Stálin
mas Stálin já dormia há algum tempo
a cabeça entre dois pratos sujos
e depois tinha eu, o último a chegar
eu, que, mais por educação, tinha comido menos
 que todo mundo
mergulhei meu olhar no olho único deles
Marx, Engels, Lênin e Stálin tinham na verdade
um só olho colocado sobre a torre de um tanque
 de guerra
um olho gigantesco
como um farol
que fazia piruetas de 360 graus
a cada movimento da burguesia

Vi que seu olhos agora mijavam sangue
era hilariante ver derramar
o sangue da classe operária
como o leito no fogo
(parecia uma panela de leite vermelho
esquecido sobre um fogão)
eu me percebi eu mesmo no olho deles
eu sozinho diante de uma pia cheia de água escura
eu já tinha os braços enfiados até os cotovelos

no fluxo extremamente viscoso
e toda uma vida diante de mim para lavar
    obediente
as toneladas de pratos e de tigelas
e milhões de facas

///

O REDATOR-CHEFE: Sérgio...

O POETA: Sim, eu sei, você não pode publicar isso... Mas fale alguma coisa.

O REDATOR-CHEFE: Você precisa fazer uma pausa...

O POETA: Diga, pelo menos, que é uma poesia ruim...

O REDATOR-CHEFE: Sérgio...

O POETA: Sim, Aurel?

O REDATOR-CHEFE: A gente se conhece há quanto tempo mesmo?

O POETA: Me diga que isso pode perturbar a classe operária.

O REDATOR-CHEFE: Sérgio, seria muito melhor que você não escrevesse por um tempo.

O POETA: Um ano? Três? Seis? Já estou na lista negra?

O REDATOR-CHEFE: Faça uma pausa. Ou melhor... escreva, mas não mostre a ninguém... Nesse momento não tenho nenhuma margem de manobra... as diretrizes são claras...

O POETA: Tá bom, tá bom. Vou escrever para mim mesmo... para minhas gavetas... Mas o problema, caro camarada redator-chefe, é que minha vida transborda de poemas. Minha cuca esta empanturrada de poemas. É só eu abrir a boca... vomito poemas. Mesmo quando mijo, mijo poesia... (*Ele revira seus bolsos, de onde caem dezenas de folhas.*) Olhe aqui, nos meus bolsos... só poemas indignados embolados... em casa, todas as minhas gavetas já estão prontas para vomitar poemas. Não há mais lugar no meu quarto. Ando sobre pilhas de poemas. Minhas malas estão cheias de poemas. Mesmo na minha mesa, não tem mais nem um cantinho livre para que eu possa pôr uma página em branco. Quando escrevo, já escrevo sobre pilhas de poemas. Estou sufocado por meus próprios poemas. Aliás, você bem lembrou que nesse país, dia e noite, todo mundo escreve poemas... Quanto mais a burrice aumenta, mais as pessoas escrevem poemas... Vamos lá, você não vai me oferecer uma dose de vodka?

O REDATOR-CHEFE: Não, não se pode mais beber na redação.

(*Mesmo assim, tira uma garrafa e dois copos. Eles bebem.*)

O POETA: Escute aqui, *eles* não podem fazer isso conosco.

O REDATOR-CHEFE: Por favor... não fale assim tão alto...

O POETA (*em voz baixa*)**:** *Eles* não podem nos fazer isso!

O REDATOR-CHEFE: Podem, sim...

O POETA: E as minhas traduções?

O REDATOR-CHEFE: Sérgio, você é louco. Como é que você quer que eu publique Lautréamont numa revista literária que se chama *A Literatura Socialista*?

O POETA: E *A Cantora Careca*? Você leu?

O REDATOR-CHEFE: Nem vale a pena tentar.

O POETA: Mas o que é que ela tem de mais? É para rir. O homem novo tem também necessidade de rir...

O REDATOR-CHEFE: *Eles* nunca vão aceitá-la por causa da censura.

O POETA: Eles! Eles! Eles! Mas quem são eles?

O REDATOR-CHEFE: É melhor traduzir Aragon.

O POETA: Não.

O REDATOR-CHEFE: Por favor, traduza Marcel Pagnol! Pagnol passa...

O POETA: Então você vai me deixar morrer de fome... É melhor então me fuzilar. Não compreendo mais nada.

O REDATOR-CHEFE: Você não entendeu ainda, Sérgio, quem são os chefes, quem manda agora neste país? Você acha que é fácil para mim?

O POETA: Não. E eu, seja lá como for, só tenho um chefe: a poesia. É isso aí, vivo com essa dama já faz uns quarenta anos. É ela que é responsável pela minha alma. Então, vou deixá-la agora... Bom, estou com vontade de vomitar, tenho que ir... Ah, esqueci de te contar a última...

O REDATOR-CHEFE (*de repente, muito constrangido, faz sinal para ele ficar quieto*): Até logo.

O POETA: Dois velhos se encontram no parque para jogar xadrez. De repente, começa a chover. Um deles diz: ainda vai chover. E o outro: *eles* que vão tomar no cu...

No restaurante da União dos Escritores.
Muito tarde, só restam duas ou três pessoas à mesa.
O poeta e Mitzi, a garçonete.

O POETA: Mitzi!

MITZI: Sim?

O POETA: Tô sem bebida.

MITZI: Não.

O POETA: A saideira.

MITZI: Não posso mesmo, de verdade.

O POETA: Mitzi, você sabe que fantasio com você.

MITZI: Não recomece.

O POETA: Me traz só mais um pouco de vodka.

MITZI: Não, não vou trazer nada. Você já está bêbado. O camarada responsável do bar me proibiu de servir os camaradas escritores que já estão bêbados.

O POETA: Diga a Chapira que eu não o considero responsável pelo bar. Eu o considero um artista. Ele é o poeta de nossas almas. Faz anos que alimenta nossas almas com a melhor vodka do mercado socialista. Para mim, o fato de que ele saiba encontrar boa vodka é um sinal de grande nobreza interior. Vá, vá, vá ver Chapira e diga a ele que eu o considero um artista. (*Mitzi vai até o bar e volta.*) E então?

MITZI: O camarada Chapira agradece mas diz que não.

O POETA: Por quê?

MITZI: Porque você está bêbado.

O POETA: Mitzi, diga a Chapira que eu estou um pouco alto mas... Veja bem... Sou capaz de me levantar da mesa sozinho, correto? Andar sem tropeçar... na direção certa... como o Partido. Posso ir mijar sozinho. Agora mesmo, saí no pátio e vomitei sozinho. E além disso... ainda sou capaz de ficar de pau duro... Se... você parar de dizer NÃO, claro.

MITZI: Já te servi sete vezes, sete meias-doses. Já deu.

O POETA: Mitzi, venha cá.

MITZI: Sim, camarada Sérgio.

O POETA (*mudança drástica de atitude e de tom*)**:** Me diga uma coisa, por que foi mesmo que te tiraram da Escola de Literatura?

MITZI: Porque eu não estava à altura.

O POETA: Não é justo. O partido te fez uma injustiça. Você escrevia muito bem. Me lembro das historinhas... elas tinham... um frescor...

MITZI: De jeito nenhum.

O POETA: Tinham sim. (*Ele beija sua testa.*) Vá falar com Chapira e diga-lhe que ele é o escultor de minha alma. E que vou lhe dedicar um poema.

(*Mitzi vai até o bar e volta com um copo de vodka.*)

MITZI: Tá aqui, mas, de verdade, é o último!

O POETA: Sente-se, Mitzi.

MITZI: O camarada Chapira diz que você deveria escrever, de tempos em tempos, poemas patrióticos. Pelo menos uma vez por ano.

O POETA: Muito bem. O tempo todo sou repreendido por não escrever poemas patrióticos. Entretanto, gosto de minha pátria... Olhe bem para mim, Mitzi. Eu lá tenho cara de quem não gosta de sua pátria?

MITZI: Não.

O POETA: Gosto das mulheres da minha pátria. Gosto do vinho da minha pátria.

MITZI: Precisa amar o Partido também.

O POETA: Ah, você acha mesmo?

MITZI: Sim.

O POETA: Mas é louco como nosso Partido Comunista ferve de poemas patrióticos... poemas e canções... Todos os dias é preciso que os escritores escrevam cartas de amor. Você acha isso normal, Mitzi?

MITZI: Não se dizer.

O POETA: Me diga então, Mitzi. Se você fosse o partido, você teria tempo de ler todos esses poemas patrióticos?

MITZI: Você está bêbado e fica dizendo bobagens.

O POETA: Escute, Mitzi, vou escrever, eu também, um grande poema patriótico. Tá bom... Faço para você e para Chapira... E por mais um copo de vodka. Certo?

MITZI: Primeiro o poema.

O POETA: Correto, primeiro o trabalho. Vou ditar para você.

MITZI (*ela pega um lápis*)**:** Sim.

O POETA: Então, escreva assim.

MITZI: Escrevo onde?

O POETA: Aqui na toalha.

MITZI: Pode falar.

O POETA: Psiu! Esse silêncio já faz parte do poema.

(*Concentra-se, esvazia o copo e depois dita.*)

Poema patriótico escrito pelo horrível poeta Sérgio Penegaru/ às duas horas da manhã/ no refeitório da União dos Escritores/ quando nada mais o impedia de dizer a verdade...

MITZI: Isso aí, é o título?

O POETA: É. (*Ele dita.*)

> Partido, tu cais bem na minha boca
> como um gole de uma boa vodka
> gosto de te sentir na sala de espera de minhas
>   palavras
>
> Então, olha aí, me ponho de joelhos diante de ti
> e te beijo o umbigo
> te beijo as mãos
> te beijo os joelhos
> te beijo os calcanhares
> te beijo até a planta dos pés
> apesar do mau cheiro dos pés, querido Partido,
>   pois andas muito e não tens tempo de lavar as
>   meias, de tirar a poeira das botas
> mas eu... eu adoro quando tu andas sobre meus
>   lábios
> e quando você anda simplesmente em cima de mim
> e em cima de outros milhões de cadáveres
> Oh, como deve ser agradável a sensação de
>   elasticidade quando se marcha sobre cadáveres
>
> Sim, querido Partido, sou teu tapete de palavras
> e para te mostrar a que ponto eu te adoro e te
>   desejo, querido Partido,
> eu te beijo também o cu.

MITZI (*se põe a chorar*)**:** Não posso escrever isso.

O POETA: Mas por quê, Mitzi?

MITZI: Camarada Sérgio. Sou apenas uma garçonete. Por que você me faz isso? Quando me levaram a Bucareste para a Escola de Literatura, eu mal sabia ler e escrever. Me escolheram só porque eu era filha de camponeses pobres. Mas... eu não tinha talento de verdade. Então me ofereceram esse emprego de garçonete... no restaurante da União dos Escritores... para eu ficar de algum jeito dentro da literatura... E aqui estou feliz. Sirvo as pessoas que têm talento... Mas você é um pouco louco, camarada Sérgio.

O POETA: Mitzi, estou acabado. Estou sem forças para voltar para casa. Vou dormir aqui...

MITZI: Mas você não pode.

O POETA: Posso, sim. Sei que você gosta um pouco de mim... Vou me alongar sobre quatro cadeiras. Pronto, é tudo que peço à minha pátria. Quatro cadeiras. Pare de choramingar, Mitzi, de qualquer maneira sou membro da União dos Escritores... E preciso dormir *agora*!

(*Algo muito bizarro acontece nessa hora. A tampa de um tipo de alçapão falso no chão começa a levantar devagarzinho. Mas Mitzi o fecha de novo com um pontapé certeiro.*)

Sozinho, num restaurante vagamente iluminado por uma lâmpada. Todas as cadeiras estão colocadas sobre as mesas, menos as que estão ocupadas pelo poeta que dorme.

Uma personagem estranha entra e se põe a examinar as toalhas. Poderia ser um especialista que decifra traços de escritos nas toalhas. De vez em quando ele tira fotos.

Um relógio bate três vezes. O especialista some.
O poeta tem um sobressalto e olha ao redor.

O POETA: Olha só, são três horas. Talvez alguém tenha batido na porta. (*Levanta-se e vai abrir a porta.*) O senhor Isidoro Lucien Ducasse, Conde de Lautréamont. Inacreditável! É você mesmo? Oh, que prazer em ver que você respondeu ao meu convite. Entre, entre. Seja bem-vindo ao templo da literatura socialista. (*Pega uma cadeira, coloca no meio da sala e convida a personagem invisível a se sentar.*) Sente-se aqui, senhor conde... Estou muito honrado com a sua presença. O senhor nem se dá conta de como sua obra se traduz bem em romeno. É que a língua romena é ainda uma língua que tem vitalidade. Ela é capaz de receber muito. É a nossa literatura que às vezes não passa muito bem para o francês. Por causa de certas palavras de origem eslava que são dificilmente traduzíveis. Mas para o resto...

(*O relógio bate três vezes. O poeta vai abrir a porta.*)

Oh, senhor Ionesco. Oh, que prazer, você veio de qualquer jeito. Oh, senhor Ionesco, estou verdadeiramente tocado. Faz anos que espero por esse momento. Faz anos que quero, que espero conhecer vocês. Venha, venha, tome o lugar ao lado do senhor Conde de Lautréamont. (*Traz mais uma cadeira.*) Senhor conde, apresento aqui o senhor Eugène Ionesco, autor de uma admirável, inacreditável peça que acabo de traduzir e que se chama *A Cantora Careca*. Senhor Eugène Ionesco, apresento aqui o senhor Conde de Lautréamont, que você certamente já conhece. Permiti-me dar uma nova tradução de seus *Cantos de Maldoror* para o romeno… porque a versão que tínhamos era inaceitável. Sim, senhor Ionesco, você pode fumar. Não conseguirei lhe transmitir a que ponto sou perseguido por uma senhora careca desde que acabei a tradução de sua peça. A cantora careca entrou na minha vida como uma quimera. Me acompanha onde vou. Outro dia, estava na redação de uma importante editora onde justamente recusam, já faz algum tempo, todas as minhas traduções. E quando eu estava a ponto de me deixar levar e quebrar uma garrafa de vodka na cabeça do camarada diretor, senti uma mão macia sobre a minha. Era a cantora careca.

(*O relógio bate três vezes. O poeta vai abrir.*)

Oh, senhor Raymond Radiguet. Oh, estou tão contente, tão feliz. Você veio mesmo, hein! Entre, entre. Sente-se (*Traz mais uma cadeira para essa nova personagem invisível.*) Senhor Ionesco, senhor Conde, eis aqui meu ídolo de juventude, Senhor Raymond Radiguet. Tinha dezessete anos quando li seu romance, *O Diabo no Corpo*, e imediatamente só tive um desejo, um só ideal… escrever como ele, um romance visceral, um romance de amor louco e morrer, como ele, aos vinte anos…

(*O relógio bate três vezes. O poeta vai abrir. Entra Mitzi, mas ela não parece notar a presença do poeta no restaurante.*)

Senhor André Breton, é você? Mitzi, me ajude a colocar as cadeiras. Hoje recebo a grande literatura francesa.

(*O relógio bate três vezes. O poeta vai abrir. Mitzi se põe a varrer a sala. Ela não vê nem o poeta nem seus "convidados".*)

Senhor Tristan Tzara... era você mesmo que eu estava esperando. Entre, entre. Mitzi, por favor, uma cadeira para o senhor Tristan Tzara. Ai, me lembro daquele seu poema de um verso. "Os cães atravessam o ar num diamante"... maravilhoso...

(*Ele abre a porta.*)

Senhor Raymond Queneau. Que bela surpresa. Mitzi, mais uma cadeira. Ai, meu Deus, vai faltar cadeira.

(*Ele abre a porta.*)

Senhor André Gide. Mitzi, uma cadeira para o senhor André Gide.

(*O jogo se acelera.*)

Senhor Camus... entre... Senhor Beckett... Mitzi, mais duas cadeiras. Senhor Alfred Jarry. Mitzi, mais três cadeiras. Meus caros amigos, obrigado por terem vindo. Então, portanto... estamos reunidos aqui... porque... tenho uma má notícia para lhes dar. Vocês estão na lista negra. Não podem ser citados, nem traduzidos... Vocês são, segundo as diretrizes de nossa comissão ideológica para a literatura, os representantes de uma arte degenerada, uma arte malsã e de uma atitude reacionária. Mas mesmo assim lhes peço a permissão de publicar suas obras na minha revista nova, uma revista da vanguarda que se chama *A Toalha Branca*. Que vou fundar agora com vocês. Chama-se *A Toalha Branca* porque sairá... nas toalhas do restaurante da União dos Escritores. E nos guardanapos, é claro. Olha aí, sete toalhas já estão prontas.

(*O poeta inclina as mesas para que os textos escritos sobre as toalhas possam ser vistos pelo público.*

Entra o secretário da Comissão Ideológica para a Literatura, personagem bem real. Arranca todas as toalhas das mesas marcadas com os escritos do poeta.)

O SECRETÁRIO: Saiam... Vamos lá, camarada, Penegaru... você não foi convidado para esta ação.

O POETA: Mas... eu ainda sou professor de poesia clássica nesta escola.

O SECRETÁRIO: Não, você não ensina mais nada nesta escola.

O POETA: E... meus convidados... Convidei alguns amigos para festejar com eles... este acontecimento... este...

O SECRETÁRIO: Desapareça, camarada Penegaru. Ouviu bem o que eu disse? Desapareça!

(*O secretário sobe na cadeira "ocupada" por Ionesco. Dirige-se à sala. Repentinamente Mitzi vira uma estenógrafa que vai anotando tudo o que o secretário diz.*)

Caros camaradas, caros camaradas. Faz três anos que o Partido criou nossa Escola Nacional de Literatura. Temos a oportunidade, hoje, de fazer um balanço e de festejar a primeira promoção de escritores socialistas saída desta escola.

Temos mil razões de ter orgulho de vocês, camaradas, e de nossas realizações. Nossa Escola de Literatura realista-socialista é uma grande realização ideológica e artística, a expressão de uma abordagem verdadeiramente revolucionária dos problemas da nova cultura.

Há três anos, cada ano a escola recruta entre cem e cento e cinquenta novos escritores aprendizes saídos de nossas classes sociais sãs e responsáveis, quer dizer, saídos da classe operária, do campesinato, da classe dos militantes do Partido.

Vocês representam, camaradas, o batalhão de escritores mais avançados do mundo, vocês são o porta-estandarte da nova literatura irrigada pelo pensamento marxista-leninista e pela brilhante contribuição ideológica de nosso grande camarada Stálin.

(Ele passeia pelas cadeiras "ocupadas" pelos escritores franceses invisíveis.)

E porque aqui estamos entre nós, entre escritores responsáveis... vou contar um segredo para vocês. Vocês sabiam que o próprio Stálin escreveu poemas? É isso mesmo, na sua juventude, o grande Stálin foi também um grande poeta, mas por modéstia revolucionária ele nunca quis publicar seus poemas.

E já que estamos falando de poesia... devo dizer que, há três anos, é no terreno da poesia patriótica que vocês alcançaram seus maiores avanços. O Partido está satisfeito com vocês, camaradas poetas. O número de coletâneas de poesia patriótica triplicou. Tivemos, se assim posso me exprimir, uma colheita extraordinária de poemas patrióticos difundidos por toda parte, em todos os jornais, nacionais e regionais, em todas as revistas. Bravo, camaradas! Posso afirmar que vocês desempenharam muito bem a tarefa, a poesia patriótica nacional floresce com exuberância, e pensamos até em exportá-la... He, he, he...

Também registramos progressos notáveis no que diz respeito à novela e à forma breve. Houve, apenas neste ano, um aumento de coletâneas de formas breves de aproximadamente sessenta por cento em relação ao ano anterior.

Mas constato que, no que diz respeito ao romance, nossas realizações não foram tão audaciosas. Sim, eu sei que o campo do romance deve ser trabalhado muito mais longamente para dar uma boa colheita. Mas... vocês têm ótimas condições de trabalho. Camaradas, o partido colocou à disposição umas trinta casas de criação. A União dos Escritores lhes concede robustos empréstimos, que eu saiba. Então, por que isso se arrasta, o romance?

Camaradas, já que estamos entre nós, vou pedir a nossa estenógrafa que faça uma pausa... he, he...(*Mitzi para de transcrever o discurso.*) Já que estamos entre nós então... saibam, camaradas escritores estabelecidos ou aprendizes, que têm algo que merece censura, em nome do Partido. Vocês têm bebido demais, camaradas! Sim, sim, é a realidade, vocês biritam um pouco demais... muito mesmo. Não riam, é a verdade, um verdadeiro revolucionário deve saber fazer sua autocrítica. É preciso refletir sobre isso e se questionar profundamente. Vocês pensam demais na garrafa, vocês passam tempo demais no restaurante da União dos Escritores e em outros restaurantes pela cidade. Estou falando em nome do Comitê Central do Partido Comunista, controlem-se, parem de beber tanto. O escritor novo que escreve para o homem novo não deve beber como um buraco, como escritores de países decadentes, capitalistas e imperialistas.

E, sobretudo, não me digam que sua inspiração é estimulada por um copo ou dois de vodka ou de vinho. Não, camaradas, o partido não precisa de poesia patriótica escrita sob a influência do álcool, mesmo quando é muito boa. Não deem um mau exemplo como escritores do povo.

Pronto, e que isso fique entre nós, mas é sério, camaradas.

E tem mais uma coisa. Nossos editores e nossos redatores literários se queixam de que os manuscritos estão repletos de erros de gramática e de ortografia. Será que é por causa do álcool? Será que é porque alguns de vocês não dominam ainda muito bem a língua escrita? Não posso saber, mas um pouco mais de esforço, camaradas, mais consideração com a gramática e a ortografia.

E, depois, constatamos também que alguns de vocês ainda estão muito fracos no que diz respeito ao aperfeiçoamento do nível ideológico. Como é possível, camaradas, que um escritor não tenha estudado os documentos do Partido?

Peço aos que não são assinantes do jornal *A Faísca*, o órgão central do Partido, que levantem a mão.

(*Olha a sala e conta as mãos levantadas.*) Vocês estão vendo?... Quem é assinante da revista *A Luta Comunista*? (*Conta.*) Realmente, isso não é nada bom, camaradas. É a imprensa do Partido, e simplesmente temos que ler todos os dias.

E, para terminar, devo uma resposta a certos camaradas que dizem querer estar um pouco mais a par do que se escreve no Ocidente, daquela literatura decadente que não tem lugar entre nós. É como dizem certos camaradas, para poder combater o mal, é preciso primeiro conhecê-lo, identificá-lo.

Tudo bem, camaradas. O Partido compreende seu desejo de informação para manter a vigilância. Do mundo ocidental, chegam até nós, às vezes, ecos referentes a todo tipo de corrente e de tendência dita "artística": dadaísmo, surrealismo, teatro do absurdo...

Vocês têm razão, camaradas, é preciso conhecer um pouco de todas essas formas de aberração decadente para melhor aniquilá-las.

O Partido decidiu, então, abrir um fundo especial da biblioteca de nossa Escola de Literatura. Será, se quiserem, um tipo de "gabinete de monstruosidades". Como na faculdade de medicina, em que se guarda nos laboratórios todo tipo de excrescência bizarra conservada em vidros cheios de álcool... fetos monstruosos, tumores assassinos, siameses abortados. Vamos então organizar um gabinete de monstruosidades literárias e artísticas onde vocês poderão ler o antiteatro de Ionesco e de Beckett, os sub-romances de Kafka e André Gide, os sub-poemas de Tristan Tzara e de André Breton e assim por diante.

Bistrô surrealista. Por todas as paredes há frascos enormes cheios de álcool nos quais flutuam fotografias dos escritores citados anteriormente. Cada frasco tem uma torneira embaixo.

O redator-chefe bebe sozinho à mesa. O poeta entra com uma toalha branca enrolada no pescoço, como um lenço.

O POETA: Olha só, Aurel, eu te trouxe um poema patriótico.

O REDATOR-CHEFE: O que você está fazendo aqui?

O POETA: Então é isso, você se esconde para beber sozinho?

O REDATOR-CHEFE: Me deixe em paz, Sérgio.

O POETA: Você está sabendo da última?

O REDATOR-CHEFE: Não sei e não quero saber.

O POETA: Me deixa, vá, contar a última para você.

O REDATOR-CHEFE: Como você conseguiu me encontrar aqui?

O POETA: Mas é um lugar público! Todo mundo tem o direto de encher a cara aqui. É verdade que tem um pouco de musgo, mas...

O REDATOR-CHEFE: Não quero ser visto com você.

O POETA: Ah vá, só conto mais umazinha e me mando. Um auditor armênio pede à Rádio Erevan... Camaradas, por que temos um Ministério da Marinha quando todo o mundo sabe que não temos nenhum acesso por mar? E Rádio Erevan responde: é para imitar o Azerbaijão, que tem um Ministério da Cultura. É boa essa, não é? Mas... Por que você não ri?

O REDATOR-CHEFE: Para continuar vivo, Sérgio.

O POETA: Estranho... quando você vem me ver na redação você me chama de Serginho e quando estamos em outro lugar você me chama de Sérgio...

O REDATOR-CHEFE: Não sente aqui na minha mesa.

O POETA: Tudo bem, tudo certo, mas, mesmo assim, você vai me oferecer uma rodada, não?

O REDATOR-CHEFE (*estendendo-lhe um copo vazio*)**:** Vá se servir.

(*O poeta se aproxima do frasco que contém a foto de Lautréamont, hesita, dirige-se em seguida a um frasco onde se encontra a foto de Ionesco.*)

O POETA: Hoje, bebo com Ionesco. (*Abre a torneira e enche o copo. Algo estranho, o frasco gigante fica sem o álcool.*) Por que você não quer publicar *A Cantora Careca*, amigão?

O REDATOR-CHEFE: Sérgio, se eu te disser uma coisa importante... você me deixaria em paz e iria embora?

O POETA: Sim.

O REDATOR-CHEFE: Jura?

O POETA: Juro, mas você tem certeza de que vai poder continuar a beber sozinho?

O REDATOR-CHEFE: Sim.

O POETA: Certeza, certeza? Sem o melhor amigo?

O REDATOR-CHEFE: Sim.

O POETA: Bem, então, estou escutando.

O REDATOR-CHEFE: Você está proibido de assinar, Sérgio.

O POETA: Mesmo se eu escrever nas toalhas?

O REDATOR-CHEFE: Você está na lista negra, Sérgio. Proibição de publicar qualquer coisa. Sacou agora?

O POETA: Ou nos banheiros...

O REDATOR-CHEFE: Não. Mesmo nos banheiros públicos, se você escrevinha um poema e depois assina, você está ferrado.

O POETA: Obrigado, Aurel... obrigado. Eu não sabia. Olha só, bem agora, me deu vontade de mijar.

O REDATOR-CHEFE: É isso aí... Não poderei nunca mais fazer alguma coisa por você. E não sei se posso ainda fazer alguma coisa por mim.

O POETA: Merda, estou muito apertado mesmo. Preciso ir. Até logo.

O REDATOR-CHEFE: Espere, Sérgio, pegue esse dinheiro.

O POETA: Para fazer o quê?

O REDATOR-CHEFE: O inverno está chegando. E vem para ficar. Vá comprar um casacão, luvas, um bom par de botas. Você vai precisar. Fique de malas prontas.

O POETA:
    O inverno chega numa limusine negra…
    às cinco horas da madrugada
    bate à minha porta…
    os poetas que escrevem na neve são perigosos
    e no inverno são trancados num asilo de loucos…

Projeção de vídeo na parede do bistrô.
É a cabeça gigante do redator-chefe.

Aos cuidados
da Direção Geral da Imprensa e da Edição

Camaradas,

Li com muita atenção, várias vezes, a peça *A Cantora Careca*, de Eugène Ionesco, traduzida pelo camarada Sérgio Penegaru. E sugiro que esse texto não seja publicado em nosso país. Considero ainda que esse texto é um verdadeiro exemplo da literatura burguesa decadente que não tem nada a ver nem com a cultura socialista, nem com as exigências do realismo socialista.

Considero que essa forma de teatro não pode em hipótese alguma contribuir para a construção do homem novo, para a edificação do socialismo e do comunismo em nosso país, para a consolidação da unidade proletária e para a intensificação do combate contra as forças do imperialismo e do capitalismo.

Não podemos nos render, camaradas, à ofensiva da cultura podre de inspiração ocidental. Esse tipo de teatro não pode forjar a consciência revolucionária de nosso público, de nossa juventude, de nosso povo. Esse tipo de delírio verbal praticado por alguns, com o perdão da palavra, "escritores franceses", não tem nenhum lugar aqui entre nós, na cultura proletária colocada a serviço da construção científica de um mundo melhor, da erradicação da exploração do homem pelo homem. Não podemos nos permitir, camaradas, nesse momento, quando a luta de classes toma um novo *élan*, baixar a guarda e deixar que nossos espíritos sejam invadidos pela provocação, pela dúvida, pela extravagância filosófica e pelo cosmopolitismo.

Nenhum operário, nenhum camponês, nenhum funcionário, nenhum cidadão devotado à causa do Partido tem necessidade, em nosso país, da literatura corrosiva escrita por Eugène Ionesco. Além do mais, ter nascido de pai romeno não lhe dá nenhum direito aqui. Desde que se foi para o estrangeiro, Eugène Ionesco já não conhece mais a realidade socialista de nosso país. Não tem nenhum contato com o homem novo de nossos dias, com o herói do trabalho socialista, com os heróis da coletivização socialista de nossa agricultura, com todos aqueles que, nos canteiros de obras de nossa pátria, encarnam a revolução, o internacionalismo e o futuro.

Se Eugène Ionesco quer ser editado na Romênia, que ele venha ver o novo rosto desse país, que escreva para nossos operários, nossos camponeses e nossos soldados, que se inspire na realidade socialista e nas nossas grandes conquistas na direção da construção do socialismo. Nosso país não está fechado, estendemos a mão a todos os jornalistas, a todos os escritores que queiram nos conhecer. Mas devemos dizer NÃO a cada vez que se tenta embaralhar a nossa consciência revolucionária com as páginas de conteúdo duvidoso, para não dizer reacionário. Pois essa tal "cantora careca" de que ele fala na peça é uma personagem suspeita e idiota. Não somos um país de "cantoras carecas". Aqui isso não existe. Nem uma personagem satírica ela é, é simplesmente qualquer coisa. Na França chamam isso de "teatro do absurdo". Mas nós não somos um país do absurdo. Não construímos uma sociedade do absurdo. Portanto, não precisamos do absurdo aqui. Aqui, vivemos sob a lógica da ciência, não vivemos sob a lógica do absurdo. Para nós, o absurdo é inaceitável. A filosofia marxista-leninista não é compatível com "cantoras carecas absurdas".

Eis por que, camaradas, considero que as peças absurdas de Ionesco devem ser proibidas em nosso país, aliás, como também em todos os países irmanados na construção do socialismo.

Viva a luta pela paz!

Viva a herança cultural dos clássicos do marxismo-leninismo!

Viva o homem novo e o realismo socialista!

O poeta dorme, sentado numa cadeira, num bistrô surrealista. Uma porta se abre. No chão desenha-se a sombra da cantora careca.

O POETA: Minha senhora, é você a cantora careca?

A CANTORA: Sim.

O POETA: Você veio me ajudar a desaparecer? Foi o conselho que me deram, você sabe.

A CANTORA: Sim.

O POETA: Vou precisar, sim, fazer uma pausa. Faz trinta anos que eu escrevo. Fiz de tudo. Escrevi poemas em versos livres, poemas em prosa, romances poéticos, peças-poemas. Tudo que toco se transforma em poesia... ou melhor, em uma espécie de névoa. Não vai causar problemas a você, assim... nem mesmo sabendo que você é uma personagem que não existe?

A CANTORA: Não.

O POETA: Quer que eu te mostre esta cidade... Bucareste?

A CANTORA: Sim.

O POETA: Eu amo muito esta cidade, você sabe. Não nasci aqui. Nasci na Transilvânia. Lá somos um pouco mais rigorosos, mais sérios. Mas aqui são os Bálcãs. Tome meu braço. Esta cidade é esplêndida à noite e bem cedo ao amanhecer. Você sabe por quê?

A CANTORA: Não.

O POETA: Ela é esplêndida quando está deserta. São as pessoas que sujam a paisagem. Você sabe como a gente a chamava no entre-guerras?

A CANTORA: Não.

(*Projeção: imagens de Bucareste no entre-guerras.*)

O POETA: A gente a chamava de "pequena Paris". Havia cafés por toda parte e tabernas... como em Paris... os homens usavam chapéus de copa alta de feltro de lã. Mas você sabe como a gente os chamava?

A CANTORA: Não.

O POETA: A gente chamava o chapéu de copa alta de *joben*. Porque o primeiro chapeleiro francês que se instalou em Bucareste se chamava senhor Joben. Então, em vez de dizer "um chapéu de copa alta", os romenos preferiam chamá-lo pelo nome do chapeleiro... e o chapéu de copa alta se tornou *joben*... palavra que não existe em francês. É uma boa história, não é mesmo?

A CANTORA: Sim.

O POETA: É tudo que você sabe dizer, senhora cantora careca? Sim e não?

A CANTORA: Sim.

O POETA: Amanhã de manhã vou fazer você provar um *joffre* num salão de chá. Você sabe o que é um *joffre*?

A CANTORA: Não.

O POETA: É o nome que um confeiteiro romeno deu a um bolo de chocolate inventado em 1920 especialmente para o marechal Joffre, que vinha visitar a Romênia. E fez um sucesso imenso, o bolo Joffre. Ele tem a forma de uma pequena granada e é recheado de chocolate negro. Os romenos adoram. Mesmo os comunistas, hoje, se empanturram de *joffres*. É uma delícia que conseguiu sobreviver aos sobressaltos da história.

A CANTORA: Você está tremendo, senhor poeta. Você deve estar com frio.

O POETA: Na verdade, faz duas horas que tenho vontade de mijar e não aguento mais. Você me dá licença por dois minutos? Vou e volto.

(*Projeção: uma escultura gigante de Stálin.*)

O apartamento de Vera. O poeta bate na janela.

O POETA: Vera! Vera. Abra.

VERA: O que é que há?

O POETA: Estou ferrado.

VERA: Mas o que aconteceu?

O MARIDO: O que é que ele quer?

VERA: Não sei.

O MARIDO: Que é que você quer aqui?

O POETA: Estou ferrado. Vão me prender.

VERA: Não grite assim. Você ficou maluco? Entre.

(*Vera abre a porta. O poeta entra. Está num estado lamentável.*)

O POETA: *Eles* vão me prender.

O MARIDO: Quem te disse isso?

O POETA: Não posso dizer para vocês. Mas vão me prender. Tenho certeza.

O MARIDO: Quando?

O POETA: Não sei. Hoje. Amanhã. De todo modo, estava programado. Provavelmente amanhã de manhã, acho.

O MARIDO: E o que é que você faz aqui?

O POETA: Me desculpe, mas precisava de um café.

O MARIDO: É para isso que você nos acorda às três horas da manhã? Por causa de um café?

O POETA: Estou com medo. Estou com vontade de vomitar.

VERA: E ainda por cima você bebeu a noite toda como um gambá, Sérgio.

O POETA: Não, juro que não. Fiquei passeando com uma mulher. Uma mulher muito bacana... ela é francesa... e ensinei-lhe até umas palavrinhas em romeno...

VERA: Você está delirando, Sérgio. Mas quem te disse que vão te prender? Pode ser uma brincadeira.

O POETA: Não, eu sei que eles vão me prender mesmo. E eu também sei por quê.

VERA: Por quê?

(*O marido de Vera lhe traz um café.*)

O POETA: Tive uma altercação com a estátua de Stálin. Ai, meu Deus, estou com uma dor de cabeça. (*Ao marido de Vera.*) Marcel, você não tem um gole de vodka?

O MARIDO: Toma.

VERA: Ah, meu irmão. Desde pequeno você só dá problema.

O POETA: Estou com um cagaço danado. Você não tem uma mala?

O MARIDO: Para quê?

O POETA: É que... preciso me preparar... Me disseram para ficar com as malas prontas. Mas não tenho nenhuma mala. Eles costumam vir prender às cinco da manhã.

(*O marido de Vera traz uma mala.*)

O MARIDO: Toma, pegue aqui. E se manda daqui. Não quero mais ver você por aqui.

VERA: Espera, espera um pouco, Marcel. Afinal de contas, é meu irmão.

O MARIDO: Eu não tenho mais nada a tratar com ele. Tenho três crianças para dar de comer.

O POETA: Eu só vim mesmo pegar uma mala emprestada.

VERA: Bom... Vamos lá, acalme-se... Sérgio... Não vá embora ainda... Espere... espere... Pegue isso...

O MARIDO: Vera, são minhas meias.

VERA: Pare, Marcel. Não me irrite. Sérgio... tome cuidado... Se te prenderem... não se faça de palhaço... Você não fez nada de errado... e depois... (*Para o marido.*) Marcel, me dá o seu pulôver de lã bege.

O MARIDO: Eu não vou dar o meu pulôver de lã bege.

VERA: Dá sim, você empresta para ele o pulôver bege de lã. E o teu casacão de inverno forrado.

O POETA: Não, não vou levar o seu casacão de inverno.

VERA: Vai, sim, vai levar o casacão. E essa chapka[1]. Pronto. Agora você vai para sua casa. Você tem pasta de dente?

O POETA: Pasta de dente, tenho.

VERA: Vai para casa agora. Leva esse dinheiro...

O POETA: Não, dinheiro eu tenho.

VERA: Como é possível que você tenha dinheiro?

O POETA: Me pagaram por um poema patriótico.

O MARIDO: Bom, me deixe dormir agora.

VERA: Vá para casa, mas não beba mais. E faz a barba, tá bom? Vem cá me dar um abraço. Ai, meu irmão, que Deus o proteja.

---

[1] Chapéu com proteção até as orelhas geralmente forrado ou totalmente de pele de animal bastante provido de pelos. Muito usado nas regiões mais frias da Europa. (N. E.)

O apartamento do poeta totalmente abarrotado com pilhas de manuscritos e de livros. O poeta faz a barba diante de um espelho. Batem na porta.

O POETA: Veja só, são cinco horas. Então, eles estão aí. (*Vai abrir. Não tem ninguém.*) Oh! Senhor Ionesco. Pegue esta cadeira. Não sei nem como dizer, senhor Ionesco, o quanto estou emocionado. Acabo de traduzir *A Cantora Careca*. E não tenho medo de nada... Você quer um café, senhor Ionesco?

(*Tocam a campainha.*)

Um instante. Um instante. Já volto. (*Abre a porta.*) Oh! Senhor Conde, estou emocionado. Obrigado, obrigado, meus amigos, por virem esperar comigo... me sinto mais amparado... É a única coisa que me resta. (*Pega mais uma cadeira.*) Tome assento, senhor Lautréamont.

(*Tocam a campainha.*)

Ah! Que louco! Não vou ter tempo de fazer a barba... Mas pelo menos minha mala está pronta... (*Abre a porta.*) Senhor Breton... você veio, você também... Venha, venha, vou arranjar um lugar aqui. Você acha que a verdadeira revolução surrealista está acontecendo? O que é que você me diz? (*Ele tira coisas da mesa.*) Pronto, um lugarzinho para você. Olhe, essa é a tradução para o romeno do seu *Manifesto do Surrealismo*. Senhores, fico feliz de poder esperar com vocês. Eles vão chegar a qualquer momento. Mas esperar com vocês, senhores, é um grande privilégio. E se um dia eu não conseguir salvar a minha pele, peço-lhes, como dizia o senhor Breton, de se encarregarem para que seja conduzido ao cemitério numa van de mudança. Oh, eu adoro, eu adoro essa frase. Faço um cafezinho? Ou querem escutar a ultimazinha? Escutem só. Na escola, o professor pergunta aos alunos: por que amamos nossos amigos soviéticos? Entre todos os alunos, somente Boula levanta a mão: porque eles nos libertaram do fascismo hitleriano. Parabéns, diz o professor. E por que, Boula, detestamos os norte-americanos? Boula pensa um pouco e a seguir diz: porque eles *não* nos libertaram.

(*Tocam a campainha.*)

Ah, que louco, chegar tanta gente bem nessa hora? (*Vai abrir.*) Albert Camus. É você? Oh, que prazer! Que felicidade! Justamente, queria lhe escrever e dizer que terminei o primeiro capítulo de *A Queda*. Então, agora... estou realizado... Esperar com vocês, senhores, me deixa inebriado de alegria. Aliás, eu lhes proponho um golinho de vodka... (*Vai buscar a garrafa. Mas, ao procurar, age como um oficial com um mandato de busca. No momento, que encontra a garrafa, o quarto está completamente revirado.*) Tava por aqui. Tenho certeza de que coloquei em algum lugar. Só um instantinho.

(*O relógio bate cinco vezes.*)

Já volto... Já volto...

(*Na porta tem dois rinocerontes.*)

Ah! Vocês chegaram! Só um instantinho, estou de malas prontas. (*Pega a mala. Dirige-se às personagens invisíveis.*) *Eles* estão lá. Pontuais, não se pode reclamar. Senhores, vocês deram sentido à minha vida... agradeço a vocês... Desculpem-me por deixá-los desse jeito, sozinhos no meu quarto. Nunca fui um bom anfitrião. Mas eu admiro e amo vocês. E agradeço por terem me dado tanta beleza, tanta audácia, tanto humor, tanta sutileza, tanta dúvida. Tanta fragilidade, tantas respostas e tantas questões, tantas... (*Para os dois rinocerontes.*) Já vou. Só vou me despedir da minha família. (*Para as personagens invisíveis, enquanto um vento muito forte sopra na sala.*) Estão escutando esse vento? Ele se chama *crivat*. É o vento frio da planície da Valachia. Mas gosto dele, desse vento. Ele me dá um pouco de medo. Como você dizia, senhor Camus, num dos seus diários, "o vento é uma das poucas coisas próprias ao mundo". Até logo, senhor Camus. Até logo, senhor Ionesco. Não posso me impedir de citá-los, vocês também... "A rinocerice é a carapaça que as pessoas desenvolvem para evitar uma verdadeira troca com os outros"... Obrigado por ter me ensinado essa coisa essencial. Até logo, senhor Ionesco. Mas por que falo com o senhor em francês? Com o senhor posso falar em romeno. *La revedere... Que paradoxo! Absurdul îl trăim noi aici și îl scrieți dumneavoastră acolo.*

(*O poeta parte com os dois rinocerontes.*)

Vozes na escuridão. Mais tarde entende-se que se está numa cela.

VOZ 1: Mestre Rosetti, o que quer dizer *euaggelion*?

VOZ 3: Evangelho.

VOZ 1: *Episkopos*?

VOZ 3: Bispo.

VOZ 1: E *khartés*?

VOZ 3: Mapa.

VOZ 1: Não, isso queria dizer "rolo de papiro". E são os latinos que fizeram "charta". *Haireo*?

VOZ 3: Não sei.

VOZ 1: Mestre Steinhardt, está dormindo?

VOZ 2: Não.

VOZ 1: O que quer dizer *hairea*?

VOZ 2: Herético?

VOZ 1: Parabéns, aluno Steinhardt. Te dou dez sobre dez. Mas diga-me alguns prefixos gregos.

VOZ 2: Anti, épi, para, pro.

VOZ 1: E algumas palavras gregas utilizadas como prefixos.

VOZ 2: Aero, anthropo, archéo, auto, biblio, bio, chromo, chrono, cosmo, crypto...

VOZ 1: O que quer dizer *crypta*?

VOZ 2: Quer dizer "escondido".

VOZ 1: Muito bem. Mestre Rosetti...

VOZ 3: Sim.

VOZ 1: Me diga três palavras de origem grega que começam por "p".

VOZ 3: Polígamo, paranoia, pentágono.

VOZ 1: Mestre Steinhardt...

VOZ 2: Pleonasmo, patologia, paranoia.

VOZ 3: Eu já disse "paranoia".

VOZ 1: Mestre Steinhardt, o senhor perdeu um ponto. Três palavras de origem grega que começam com "m".

VOZ 2: Menopausa.

VOZ 3: Matemática.

VOZ 2: Megalópole.

VOZ 1: Com um "s".

VOZ 3: Símbolo.

VOZ 2: (E)squizofrenia.

VOZ 3: (E)sperma.

VOZ 1: Bravo, mestre Rosetti. Estou satisfeito de ter o senhor como meu aluno. Palavras com um "o".

VOZ 2: Oligarquia. Orquestra. Ortografia.

VOZ 3: Eu, eu vou dormir. Boa noite.

VOZ 1: E como se diz "boa noite" em grego?

VOZ 3: *Kalinixta*.

VOZ 2: Então eu digo a você também *kalinixta*.

(*Uma porta se abre. A luz que vem do exterior nos faz descobrir uma cela com um beliche. Dois detentos dormem na cama debaixo e um detento na cama de cima.*)

A VOZ DO GUARDA: Cuidado!

(*Os três detentos pulam de suas camas e se põem em posição de guarda.*)

A VOZ DO GUARDA: Olha aí, seus cuzões. Mais um companheiro para vocês.

(O poeta é empurrado para o interior. A porta se fecha. Silêncio. O poeta está visivelmente muito perturbado. Ele senta no chão e se encosta na parede.)

VOZ 1: De onde você é?

O POETA: De Bucareste.

///

VOZ 1: Você chegou hoje?

O POETA: Sim.

VOZ 1: Já foi julgado?

O POETA: Não.

///

VOZ 1: Então por que você está aqui?

O POETA: Não sei.

VOZ 1: Te prenderam quando?

O POETA: Há duas semanas.

VOZ 3: Silêncio, por favor. Quero dormir.

(O homem que acaba de falar tosse ferozmente. Pausa.)

VOZ 1: Não fique assim, com as costas coladas na parede. Você vai pegar um resfriado.

(O poeta não se mexe.)

Te bateram muito?

O POETA: Me quebraram dois dentes.

VOZ 1: Não fique assim... as paredes são úmidas. Suba. Não temos escolha... Embaixo já tem duas pessoas.

O POETA: Obrigado... obrigado...

VOZ 1: A cama é muito estreita. Na verdade, não tem espaço para dois. Tem que dormir de lado. Venha, eu explico para você. A melhor solução é dormir costa com costa. Assim a gente se esquenta mais. Penso que você está somente em trânsito. Se não te julgaram...

O POETA: Não sei de nada.

VOZ 1: É normal. Às vezes, eles só fazem te jogar de uma prisão a outra. Durma, aqui a noite é muito curta. Às cinco da manhã a gente tem que levantar e enrolar os colchões. Cada minuto de sono conta. Boa noite.

O POETA: Boa noite.

///

VOZ 1: Você está transpirando muito. Você está com febre?

O POETA: Acho que não.

VOZ 1: Então, por que está tremendo?

O POETA: Meu nariz está sangrando.

VOZ 3: Quero dormir! Silêncio.

///

VOZ 1 (*em voz baixa*)**:** Tá melhor?

O POETA: Sim.

VOZ 1: Não sei por que mas sua voz me é familiar.

O POETA: E sua voz também me é familiar.

VOZ 1: Acho que nos conhecemos.

O POETA: É possível.

VOZ 1: Você fez universidade?

O POETA: Sim.

VOZ 1: Onde?

O POETA: Em Bucareste.

VOZ 1: Em Bucareste? Eu também estudei em Bucareste.

O POETA: Universidade?

VOZ 1: Sim.

O POETA: Então a gente deve ter se conhecido em Bucareste.

VOZ 1: Eu estava na faculdade de letras.

O POETA: Eu também.

VOZ 1: Você é de que ano?

O POETA: 1938. Mas repeti um ano. O ano de 1937.

VOZ 1: Méloïanou em literatura francesa.

O POETA: Ah! Essa é a maior! Fomos da mesma classe então?

VOZ 1: Veroianu em literatura antiga…

O POETA: Um pouco gago. E Stefanescou em literatura comparada…

VOZ 1: Tancred Filimon em latim.

O POETA: Noica em filosofia.

VOZ 1: Sim, Noica em filosofia. Sempre nos obrigando a aprender o alemão e o grego para dominar os conceitos da reflexão.

O POETA: Sim, aquele chato do Noica… Inacreditável…

VOZ 1: Inacreditável, incrível.

O POETA: Fantástico! Parece que estamos dentro de uma peça de Ionesco.

VOZ 1: Ionesco? Ele começou a escrever teatro?

O POETA: Mas quem é você afinal? Ainda não te reconheço.

VOZ 1: Sou o professor de filosofia, seu incapaz e poeta maldito. Sou Constantin Noica.

O POETA: Não!

VOZ 1: Sim, senhor, senhor Sérgio Penegaru. E eu o repreendo por ter desperdiçado todos os seus talentos. Diga-me pelo menos um nome de um filósofo pré-socrático.

O POETA: Anaximandro, Anaxímenes, Anaxágoras de Clazômena.

VOZ 1: Três duma vez? Essa agora...

O POETA: Oh, senhor professor, de verdade estou muito contente por reencontrá-lo.

VOZ 1: Não fique muito agitado. Não fale tão alto. Não podemos conversar de noite.

O POETA: Mas é inacreditável. Senhor Noica, sei que fui um aluno turbulento, mas sempre gostei muito do senhor. Pode crer!

VOZ 1: Você nunca foi a meus seminários.

O POETA: Fui, sim.

VOZ 1: Qual?

O POETA: Justamente àquele sobre Anaximandro, Anaxímenes e Anaxágoras de Clazômena. Oh! Estou sinceramente emocionado de dividir essa cama com o senhor.

VOZ 1 (*aos dois outros detentos*): Tudo certo, meus amigos. Conheço esse cara. Podemos confiar. (*Ao poeta.*) Você sabe, aqui a gente desconfia sempre. Às vezes eles nos mandam espiões, provocadores. Vamos lá, meu jovem, que vou apresentá-lo à boa sociedade. Você tem a honra de dividir a cela com um antigo ministro e um dos nossos maiores juristas da atualidade. (*Ao ministro.*) Senhor Rosetti, o senhor está dormindo?

VOZ 3: Sim, estou dormindo. Me deixe em paz. Conheço o senhor Sérgio Penegaru. Li seus poemas inspirados pelos surrealistas e não entendi nada. Quem é o presidente da França no momento?

O POETA: Ele se chama René Coty, mas acho que De Gaulle voltará ao poder.

VOZ 3: Que bom. Se De Gaulle voltar vai ser bom. Ele vai fazer alguma coisa por nós.

VOZ 2: Não vai fazer é nada. Só os americanos podem fazer alguma coisa por nós. Senhor Penegaru, ainda tem *partisans* nas montanhas? Escutei falar que há ainda bolsões de resistência nos Carpates.

O POETA: Não sei. Dizem que ainda há grupos, mas...

VOZ 1: O mestre Steinhardt, que sempre continua a crer na justiça, acredita que os americanos virão aos Bálcãs para nos libertar um dia.

VOZ 2: Sim, sim, eles virão.

O POETA: Eles não virão nunca. E acabou.

VOZ 3: Você não tem nenhuma nova piada para nos contar? Faz um tempo já que não escuto nenhuma piada recente.

O POETA: Aquela do rosto de Stálin num selo de correio, o senhor já conhece?

VOZ 3: Não.

O POETA: Um cidadão soviético compra vários selos com a efígie de Stálin. Depois de um momento, ele volta furioso ao balcão do cigarro e diz: "É um roubo, é inadmissível, esses selos não colam". E o vendedor responde: "Você não cuspiu do lado certo, camarada".

VOZ 3: Ah, essa é boa. Isso nos faz bem. Você conhece mais algumas?

VOZ 2: Ela é boa mas não é nova. Em 1938 ela já circulava na Alemanha, mas era da efígie de Hitler que se tratava. E depois de 1950 ela também circulou na Espanha, onde eram os selos com a efígie de Franco que não colavam.

VOZ 1: Diga, meu jovem, por que você está aqui? Você quis derrubar a República Popular?

O POETA: Não. Mas uma noite mijei na estátua de Stálin. Estava muito bêbado e tinha alucinações...

(*A cantora careca entra na cela, se aproxima do poeta e lhe acaricia a testa, os cabelos...*)

VOZ 3: Bom, acho que a gente devia dormir agora.

O POETA: Uma personagem de Ionesco está me seguindo. Você a vê?

VOZ 1: Sim. Vamos lá, boa noite, poeta maldito... Amanhã o senhor recita seus poemas.

O POETA: É a cantora careca. Estou obcecado com essa personagem. Traduzi todas as peças de Ionesco.

VOZ 3: Ele está bem, Ionesco? Ele foi meu colega no Liceu Saint-Sava, em Bucareste.

O POETA (*para a cantora careca*): Obrigado, senhora, obrigado por ter vindo. A senhora bem vê que tudo é ficção aqui neste país.

VOZ 1: E os outros? Você tem notícias de Cioran?

O POETA: Cioran publicou três livros pela Gallimard. Fala-se dele como um grande cínico.

VOZ 2: E Mircea Eliade?

O POETA: Há dois anos ele publicou um livro formidável, sempre pela Gallimard… O *Sagrado e o Profano*.

VOZ 1: Agora chega.

O POETA: Mas… essa senhora que me acaricia nesse momento… Vocês vão ver… Não estou louco.

VOZ 1: Nós estamos vendo, sim. Vamos, durma, meu jovem.

O POETA: Ela se chama *A Cantora Careca*. É uma peça de Ionesco. Uma peça bem engraçada…

VOZ 3: Durma, senhor Penegaru. O senhor vai nos contar o resto amanhã. Em minha opinião, o senhor começou mal. Aqui nessa cela é pior que na universidade. O senhor Noica nos obriga a uma atividade constante o tempo todo. E, sobretudo, a aprender o grego e o alemão… depois ele nos dá lições de filosofia todo dia. O senhor Steinhardt, que também é latinista, nos ensina a língua de Virgílio e de Catão. Já vejo que o senhor vai nos dar aulas de francês. Mas estou contente, já faz um tempinho que não treino meu francês.

O POETA: O senhor quer que eu te conte *A Cantora Careca*? De todo modo, ela está aqui. (*Alguém toca a campainha.*) Olha, tem alguém aí.

VOZ 3 (*tosse*)**:** Merda. É uma honra, senhores, apodrecer aqui com vocês. Mesmo na universidade não aprendi tantas coisas.

VOZ 1: Infelizmente, não temos o direito de ter os livros. A única exceção são as obras de Stálin. Pedimos O *Capital*, de Marx, mas esse eles recusam. E por uma boa causa, porque é, no final das contas, um livro bem escrito e tem estilo.

O POETA: Senhora Smith, que é inglesa, arruma as meias inglesas do seu marido inglês. O senhor Smith lê seu jornal inglês. Escuta-se o pêndulo inglês que bate treze badaladas bem inglesas. A senhora Smith diz: "Olha, são nove horas!". E o senhor Smith diz: "Por quê? Por que bateram na nossa porta inglesa?". E nesse ponto o senhor Smith dá um estalo com sua língua inglesa.

(*Todos os quatro detentos estalam as línguas.*)

O POETA: A senhora Smith: "Não era a campainha, era o pêndulo". O Senhor Smith: "Ah não, era a campainha". A Senhora Smith: "E eu, eu te digo que era nosso pêndulo inglês". Senhor Smith: "E eu, eu te digo que era a campainha inglesa". A senhora Smith: "E eu, eu te digo que, mesmo quando tocam a campainha, nunca tem ninguém na porta". E o Senhor Smith estala a língua.

(*Os quatro detentos estalam a língua e caem na risada.*)

VOZ 3: Mas que bagunça é essa, meu Deus?

O POETA: É uma peça de Ionesco. Mas eu a conto mal, de memória.

(*Escuta-se uma pesada porta de ferro abrir e fechar.*)

VOZ 1: Ah, era o pêndulo.

VOZ 2: Não, era a campainha.

O POETA: Bang, bang, bang, bang. Eis a confirmação. Alguém bate à porta.

VOZ 1: E eu te digo que era o pêndulo. Escutei direitinho dezessete badaladas inglesas.

VOZ 3: Ah, vocês são todos loucos. Amanhã vou pedir que me mandem para uma outra cela.

O POETA: E, depois, tem a empregada inglesa que entra. "Sim, senhora? Sim, senhor. Vocês ainda não estão arrumados para nosso jantar inglês e vocês já querem deixar entrar nossos convidados ingleses? É isso mesmo que vocês querem... pedir que eu abra a porta? Bem, tudo bem dessa vez, mas andem logo, pois ainda tenho que preparar o jantar e não tenho sete mãos inglesas, pois não sou uma vaca. Tenho muitas outras coisas para fazer. Como, por exemplo, preparar o jantar e ir abrir a porta."

VOZ 1: Ah, eu gosto disso. Foi Ionesco que escreveu isso?

O poeta sozinho na cela, o olhar fixo nas grades da janela.
Um rosto enorme aparece na janela.

O POETA: Gostaria de ditar um poema para você. Posso?

CANTORA: Pode sim, senhor Penegaru.

O POETA: Você tem com que escrever?

A CANTORA: Tenho um giz branco... dá?

O POETA: Sim... obrigado, senhora.

A CANTORA: Mas escrevo aonde?

O POETA: Na parede. Diretamente na parede, se você conseguir.

A CANTORA: Muito bem, senhor poeta. Estou escutando.

(*Escuta-se o barulho insuportável de um tipo de giz enorme que arranha um quadro-negro gigante.*)

O POETA:
Olhos, você tem, sim, um milhão
antes de só ter dois

e antes de ter
um só coração
você teve um milhão de corações
sim, um milhão, um milhão de
pernas você teve
antes de ter
só duas pernas
e antes de ter uma só língua
você teve um milhão de línguas

é isso aí, é assim, antes de ter somente
duas mãos, dois pulmões
e um só pescoço
você teve um milhão de mãos
um milhão de pulmões
e um milhão de pescoços
e um milhão de asas você teve, sim, um milhão
antes de não ter
nenhuma.

Que tal, senhora? Senhora, você ainda está aí? Não é tão mal assim, sempre encontrar com amigos. Oh, como eu queria ter ido eu também para a França. Em 1939 quase fui com uma bolsa, mas aí estourou a guerra. E, depois da guerra, os russos nos trouxeram o comunismo. Mas, quando fecho os olhos, já estou em Montparnasse... ou em Saint-Germain-des-Prés... Na verdade, é lá que eu moro. Quando quero encontrar Gide, Saint-Exupéry, Malraux ou Camus, vou ao Lipp. Quando quero tomar umas e outras com Beckett, Man Ray ou Giacometti, vou à La Coupole. E quando tenho vontade de conversar com Matisse, Dali e Picasso, atravesso a rua, vou ao Domo. Você sabe, para nós, os romenos, Paris é, de certo modo, nossa pátria mental. Não a França, só Paris. Todos sabem tudo sobre aquela cidade muito antes de chegar a visitá-la. Se um dia chegar à Estação do Leste, sei exatamente o que vou fazer em primeiro lugar. Vou dizer bom-dia a Sartre e a Simone de Beauvoir no Deux Magots. Você sabe, houve um tempo em que a gente podia pegar o Expresso Oriente na Estação do Norte em Bucareste e trinta e seis horas depois a gente descia na Estação do Leste em Paris... No entre-guerras, a Romênia era rica. Dizia-se aqui que todo pastor ou todo camponês que possuísse pelo menos duzentos carneiros poderia se permitir mandar um filho estudar em Paris. Você vai me convidar um dia para o Teatro da Huchette, senhora, lá onde você sempre aparece todas as noites?

A CANTORA: Sim.

(*O juiz entra.*)

O JUIZ: De pé, cidadão Sérgio Penegaru.

O POETA: Não posso, camarada juiz. A cama é tão apertada que, se eu me mexo, vou acordar meu professor. Me leia a sentença assim mesmo. Deixemos de lado as formalidades.

O JUIZ: Você foi condenado por atentado ao pudor no espaço público.

O POETA: Não, camarada juiz. Seja mais preciso: diga que fui condenado por ter mijado na estátua de Stálin.

O JUIZ: Cale a boca, Sérgio Penegaru. Não ouso condená-lo porque você mijou na estátua de Stálin. Por isso, você deveria ser fuzilado. Esse detalhe, o fato de você ter mijado na estátua de Stálin, na praça Stálin, em Bucareste, nem aparece no seu dossiê de acusação.

Você foi condenado por bebedeira, gestos obscenos e por violação das regras de circulação de Bucareste.

O POETA: Mas isso não é justo! Não é justo! Exijo que me condenem porque mijei na estátua de Stálin.

O JUIZ: Você foi condenado também por cosmopolitismo, por possuir livros e documentos proibidos vindos do exterior, por contatos regulares com um certo número de inimigos declarados da Romênia vivendo no estrangeiro.

O POETA: Não, não, não… Reconheço que mijei na estátua de Stálin, confessei tudo, está escrito no processo verbal dos interrogatórios.

O JUIZ: Não, isso não figura no processo verbal. (*O juiz tira uma garrafa, bebe um gole e depois passa a garrafa ao poeta.*) Você ainda foi condenado por insultar publicamente nossa poeta nacional Vengola Cormoreanu.

O POETA: Ah, essa agora. Mas o que foi que eu lhe disse? Essa é demais.

O JUIZ: Você disse que você queria trepar com ela.

O POETA: Mas… Afinal de contas, ela dorme com todo mundo…

O JUIZ: Isso é problema dela, é a sua privacidade, camarada Penegaru. Vengola Cormoreanu é nossa poeta mais conhecida, a mais recitada, seus poemas patrióticos figuram em todos os livros didáticos, ganhou três vezes o prêmio nacional de poesia.

O POETA: Duas vezes.

O JUIZ: Três vezes.

O POETA: Duas vezes, não tente me contradizer.

(*O juiz lhe arranca a garrafa.*)

O JUIZ: Agora chega. Você bebe demais. Três vezes, estou dizendo. Desde que você está na prisão, ela ganhou mais um. E não é legal ficar zombando em público de nossa maior poeta. (*O juiz bebe.*) Você pode pegar três anos só por isso.

O POETA: Mais um gole, camarada juiz.

(*O juiz lhe passa a garrafa.*)

O JUIZ: Descreva exatamente como foi que a cena se desenrolou, no restaurante da União dos Escritores. Toda Bucareste só fala disso.

O POETA: Mas não aconteceu nada. Era um dia como todos os outros, vim comer ao meio-dia e...

O JUIZ: Mentiroso! (*Ele chama em direção à coxia.*) Mitzi!

(*Mitzi entra.*)

MITZI: Estou aqui camarada juiz.

O JUIZ: Conte para esta corte exatamente o que aconteceu, há três semanas, no restaurante da União dos Escritores.

MITZI: Bah... O camarada escritor Penegaru veio e... sentou-se em uma mesa e... tinha muita gente...

pois tinha muita gente mesmo, já que a camarada Ventola festejava o lançamento de uma nova coletânea de poemas...

O POETA: ... patrióticos...

O JUIZ: Que se chama *Nós, o Sol, o Partido*. Olhe aqui, camarada Penegaru, tive que ler para fins do inquérito, um presente para você. E depois, Mitzi? Conte o que se passou em seguida.

MITZI: Depois então... depois do primeiro copo de vodka, o camarada Penegaru gritou bem alto... mas muito alto... "Ah, Vengola, Vengola, como eu gostaria de te comer..."

O JUIZ: E depois?

MITZI: E todo mundo se calou no restaurante, mas Vengola não respondeu e todo mundo começou a beber de novo. E pronto.

O JUIZ: E depois, dez minutos depois, nosso camarada Penegaru recomeçou, não é mesmo?

MITZI: Sim, dez minutos depois o camarada escritor Penegaru gritou de novo, com muita força... "Ah, Vengola, Vengola, como eu gostaria de te comer..."

O JUIZ: E a camarada Vengola?

MITZI: A camarada Vengola não respondeu à provocação, foi uma vez mais aquele silêncio glacial, e depois todo mundo recomeçou a beber e a comer.

O JUIZ: E o camarada Penegaru...

MITZI: O camarada bebeu ainda um ou dois copos de vodka e depois, pela terceira vez, gritou: "Vengola, não aguento mais, tenho que te comer agora". E mais uma vez foi aquele silêncio total no restaurante. Mas, dessa vez, a camarada Vengola ficou furiosa: levantou-se, ficou em frente do camarada Sérgio e lhe disse: "Você quer me comer? Com o que, seu alcoólatra de quinta? Quero ver teu pau primeiro, bota aí na mesa... agora!".

O JUIZ: E o camarada Penegaru?

MITZI: O camarada Penegaru gritou muito alto para mim: "Mitzi, por favor, me traz aí mais duas mesas!". E todo mundo começou a rir no restaurante.

O JUIZ: Camarada Penegaru, como você ousou zombar de uma camarada cujos poemas são publicados quase todos os dias na primeira página do jornal do Partido? Você é um reacionário inveterado, camarada Penegaru. E, além do mais, nenhum dos seus poemas satisfaz às exigências do realismo socialista e da literatura engajada. O que você nos diz?

O POETA: O que eu poderia dizer, camarada juiz? É grave...

O JUIZ: Olhem aqui, um monte de relatórios que tenho sobre suas piadas políticas. Você não para de fofocar e de inventar piadas.

O POETA: Não, eu não invento nada. Nisso aí sou apenas formal. Nunca inventei uma piada.

O JUIZ: O ano passado, você contou, só no restaurante da União dos Escritores, trezentas e oitenta piadas políticas.

O POETA: Essa conta está errada, não é verdade!

O JUIZ: É, sim, eu juro a você. Olhe aqui... todas foram transcritas. Os camaradas nos contaram tudo.

O POETA: A propósito, a piada sobre o tipo que inventa piadas, você conhece?

O JUIZ: Não.

O POETA: Posso contar?

O JUIZ: Pode.

O POETA: Isso se passa na República Democrática da Alemanha. A Stasi[2] quer de todo jeito pegar quem está inventando piadas. Depois de mil perseguições, escutas, prisões e outras coisas mais, a polícia descobre que todas as piadas vêm de uma só pessoa, um velhinho de oitenta anos. Então ele é preso, mas como o tipo é de verdade muito idoso, o interrogatório é feito com delicadeza. E o chefe da polícia lhe pergunta gentilmente por que ele inventa piadas. E o velho responde: "Muito simples, eu não posso parar. Desde a época do imperador que eu inventava, continuei no tempo da república e ainda mais no tempo de Hitler". "Mas, hoje", lhe diz então o comissário, "hoje é diferente, é o povo que detém o poder e nós construímos o mundo mais justo e mais maravilhoso que jamais existiu." E o velhinho responde: "Essa aí é minha, também...".

---

[2] A Stasi, forma curta de *Ministerium für Staatssicherheit* (Ministério para a Segurança do Estado), era a principal organização de polícia secreta e inteligência da República Democrática Alemã (RDA). (N. E.)

O JUIZ (*que abafa seu riso*): Bom, que é que eu faço com você, camarada Penegaru? Para todos esses chefes de acusação, a lei prevê entre três e sete anos de prisão. Não posso te condenar, Sérgio, porque eu mesmo me arrisco a ser preso. Três anos, tá bom?

O POETA: Vamos pôr quatro. Assim ninguém desconfiará de você.

O JUIZ: Não, eu me viro. Se você me diz que três é passável... Mas você vai sair dessa, disso você tem certeza, né?

O poeta, o filósofo, o antigo magistrado e o antigo ministro diante do diretor da prisão.

O DIRETOR DA PRISÃO: Vou fazer mais uma vez a pergunta. Por que você riu a noite inteira, de sábado para domingo? (*Pausa.*) Então? Você não tem nada a dizer? Detento Penegaru, eu fiz uma pergunta...

O POETA: Sim, camarada comandante.

O DIRETOR DA PRISÃO: Então, espero uma resposta.

O POETA: Não foi *toda* a noite, camarada comandante.

O DIRETOR DA PRISÃO: Você está tirando uma com a minha cara, camarada detento?

O POETA: Não, camarada comandante.

O DIRETOR DA PRISÃO: Sim, sim, você estava rindo de mim, camarada detento.

O POETA: De forma alguma, camarada comandante.

O DIRETOR DA PRISÃO: Sim, sim, você teve a coragem de soluçar de tanto rir numa penitenciária comunista, vocês ousaram rir como loucos numa prisão de Estado, num lugar de reeducação. O que é que fez vocês rolarem pelo chão de tanto rir até as três horas da manhã? Detento Penegaru, estou esperando.

O FILÓSOFO: Nós... compartilhamos... reminiscências...

O DIRETOR DA PRISÃO: Vocês estavam recordando.

O FILÓSOFO: Sim, nós...

O DIRETOR DA PRISÃO: Cala a boca! Eu sei que você está mentindo, seu verme reacionário. Vou repetir a pergunta, a todos: por que vocês riram desbragadamente e sem parar até as três horas da madrugada? Se não obtiver imediatamente uma resposta satisfatória, mando todos os quatro para a solitária durante dois meses com água e pão seco uma vez a cada dois dias como regime alimentar.

///

O DIRETOR DE PRISÃO: Então? ... Você contou piadas políticas, não foi?

O FILÓSOFO: Não.

O ANTIGO MINISTRO: Não.

O ANTIGO MAGISTRADO: Não mesmo.

O POETA: A culpa é toda minha, narrei uma peça de teatro.

O DIRETOR DA PRISÃO: Uma peça?

O POETA: Sim. Uma peça de teatro.

O DIRETOR DA PRISÃO: Uma peça de... quê?

O POETA: Uma peça de teatro. Que se representa no teatro.

O DIRETOR DA PRISÃO: Vocês quatro, vocês estão gozando com a minha cara.

O FILÓSOFO: Não, camarada comandante.

O DIRETOR DA PRISÃO: E eu não gosto que gozem com a minha cara.

O FILÓSOFO: Camarada comandante, não estamos caçoando do senhor. Não ousaríamos caçoar de quem se encarrega de nossa reeducação.

O DIRETOR DA PRISÃO: Detento Penegaru, venha aqui.

O POETA: Às suas ordens, camarada comandante.

O DIRETOR DA PRISÃO: Então o que você contou para eles?

O POETA: Contei uma peça de teatro que eu tinha lido antes de ser preso.

O DIRETOR DA PRISÃO: Mas por que eles riam tanto?

O POETA: Porque é muito cômica, camarada comandante.

O DIRETOR DA PRISÃO: Bem, então você vai contar tudo para mim também.

O POETA: Bem, é uma peça um pouco... um pouco diferente... É chamada de teatro do absurdo.

O DIRETOR DA PRISÃO: Teatro do absurdo. Aqui, na Romênia?

O POETA: Não, na verdade… é só o autor que é romeno. Mas eu traduzi isso do francês… está em cartaz em Paris.

O DIRETOR DA PRISÃO: Em cartaz em Paris?!

O POETA: Isso mesmo, em cartaz em Paris.

O DIRETOR DA PRISÃO: Mas isso não pode ser verdade. Devo estar sonhando. Ou vocês são completamente imbecis ou completamente alienados. Vocês contam aqui, na minha prisão, uma coisa que se passa em Paris? É isso? (*Pausa.*) Bem, podem me passar o texto senão vou fazer uma busca cerrada, até o buraco do seu cu e até as tripas.

O POETA: Mas a peça, não temos, contei tudo de cor. Foi uma peça que traduzi do francês.

O DIRETOR DA PRISÃO: Do francês.

O POETA: Sim.

O DIRETOR DA PRISÃO: Onde foi que você aprendeu a língua francesa?

O POETA: Eu sou professor de francês.

O DIRETOR DA PRISÃO: Em vez de servir a língua pátria, você traduz do francês. Quem foi que escreveu?

O POETA: Ele se chama *Ionesco*.

O DIRETOR DA PRISÃO: Ionesco.

O POETA: Sim, Ionesco.

O DIRETOR DA PRISÃO: Ionesco o quê?

O POETA: Eugène Ionesco.

O DIRETOR DA PRISÃO (*a todos*): E vocês o conheceram de onde?

O POETA: Eu, eu não o conheci.

O DIRETOR DA PRISÃO: Então quem o conheceu?... Vou repetir mais uma vez a pergunta. Quem já encontrou esse tal de Ionesco?

O FILÓSOFO: Eu, nós fomos colegas de faculdade.

O DIRETOR DA PRISÃO: Ah, muito bem, detento Noica. Você fica fazendo propaganda do absurdo aqui, numa prisão popular?

O FILÓSOFO: Não, camarada comandante. A única coisa que fiz foi escutar essa peça que é totalmente estrambótica.

O DIRETOR DA PRISÃO: Isso quer dizer?

O POETA: Quer dizer que ela é absurda.

O DIRETOR DA PRISÃO: Detento Steinhardt!

O ANTIGO MAGISTRADO: Às suas ordens!

O DIRETOR DA PRISÃO: Por que esse risinho de lado?

O ANTIGO MAGISTRADO: Não tem nenhum risinho de lado, camarada comandante.

O DIRETOR DA PRISÃO: Contrabandear peças estrangeiras. Aqui... na minha prisão! Divertir-se em vez de se empenhar na sua reeducação. E vocês pensam que assim, um belo dia, vão sair daqui.

O ANTIGO MINISTRO: Mas, de verdade, não fizemos nada de mal, camarada comandante.

O DIRETOR DA PRISÃO: Cala a boca. Você só abre o bico quando eu lhe fizer uma pergunta. Entendido? (*Pausa.*) Eu disse "entendido"?

O ANTIGO MINISTRO: Sim.

O DIRETOR DA PRISÃO: Quero saber quem é esse *Ionesco*.

O FILÓSOFO: É um escritor de origem romena que vive em Paris.

O DIRETOR DA PRISÃO: Em Paris?

O FILÓSOFO: Na França, em Paris.

O DIRETOR DA PRISÃO (*se dirige a todos*): E como vocês entraram em contato com ele?

O POETA: Não estamos em contato com ele. Só lemos sua peça. Só isso.

O DIRETOR DA PRISÃO: Você só leu sua peça...

O POETA: Sim.

O DIRETOR DA PRISÃO: Cala a boca!

(*Pausa. O diretor da prisão anda de lá pra cá.*)

Bem, vamos ter muito trabalho, nós. Então vocês estão em contato com agentes baseados no estrangeiro. Buuum.

O ANTIGO MAGISTRADO: Camarada comandante... Nós só rimos porque era uma peça cômica, é só isso. Nosso camarada codetento Penegaru é também um tradutor de literatura francesa. É por isso que leu essa peça.

O DIRETOR DA PRISÃO: Como se chama mesmo essa tal peça?

O POETA: *A Cantora Careca.*

O DIRETOR DA PRISÃO: *A Cantora Careca...*

O POETA: Sim.

O DIRETOR DA PRISÃO: E vocês acham isso cômico.

O POETA: Ela é cômica porque... Como eu dizia... Ela é um pouco absurda.

O DIRETOR DA PRISÃO: E vocês riem de uma peça absurda numa prisão de segurança máxima. Buuuum. Me contem a história.

O POETA: É... é a história de um casal de burgueses... que faz uma visita a outro casal de burgueses... é quase tudo. Tem também uma empregada que aterroriza todo mundo e um bombeiro que não tem nenhum fogo para apagar.

O DIRETOR DA PRISÃO: Sim, morro de rir.

(*Pausa. O diretor da prisão abre um dossiê.*)

Vocês começaram a rir às onze horas da noite e terminaram a bagunça às duas horas da manhã. Vocês não pararam de rir por três horas. Vocês caíram na gargalhada, os quatro ao mesmo tempo, mais ou menos 115 vezes. O que quer dizer que vocês racharam o bico de dois em dois minutos. Quero saber por quê. Camarada Penegaru, é a você que dirijo a pergunta.

O POETA: É porque... nós também representamos... a primeira cena... no escuro...

O DIRETOR DA PRISÃO: Vocês representaram a primeira cena.

O POETA: Sim.

O DIRETOR DA PRISÃO: Sim.

O POETA: Sim.

O DIRETOR DA PRISÃO: Bem, agora vocês vão representar outra vez. Mas exatamente como fizeram à noite.

(*Os quatro detentos refazem a cena.*)

TODOS OS QUATRO (*representando as treze badaladas do relógio*): Bang... Bang... Bang... Bang... Bang... Bang... Bang... Bang... Bang... Bang... Bang... Bang... Bang...

O POETA: "Olha, são nove horas inglesas!"

(*Todos os quatro abafam o riso.*)

O DIRETOR DA PRISÃO: Por que vocês estão rindo?

O POETA: A gente está rindo por causa do... por causa do relógio... inglês.

O DIRETOR DA PRISÃO: Que relógio?

O POETA: Está na peça. Tem um relógio inglês cujas badaladas são inglesas.

O DIRETOR DA PRISÃO: Outra vez!

(Os quatro detentos representam a cena outra vez.)

TODOS OS QUATRO: Bang... Bang... Bang... Bang... Bang... Bang... Bang... Bang... Bang... Bang... Bang... Bang... Bang...

O POETA: "Olha, são nove horas inglesas!"

O FILÓSOFO: Nossas crianças inglesas beberam água inglesa.

O ANTIGO MINISTRO: "Mas o azeite do verdureiro da esquina é de qualidade bem melhor do que do verdureiro de frente."

O POETA: "Mary cozinhou bem as batatas inglesas."

O ANTIGO MAGISTRADO: "O iogurte é excelente para o estômago, os rins, a apendicite e a apoteose."

O POETA: Não e não! "Só a marinha é honesta na Inglaterra..."

TODOS OS QUATRO: Bang... Bang... Bang... Bang... Bang... Bang... Bang...

O POETA: Olhem só, temos duas horas inglesas.

TODOS OS QUATRO: Bang... Bang...

O POETA: Olhem, temos dez horas inglesas.

O FILÓSOFO: Por que, porque acabam de bater na porta?

O POETA: Não foi o pêndulo, foi a campainha.

O ANTIGO MAGISTRADO: De todo jeito, não tem ninguém na porta quando o pêndulo bate sete badaladas inglesas e tocam a campainha.

O ANTIGO MINISTRO: Aliás, nunca tem ninguém na porta quando batem na porta…

O DIRETOR DA PRISÃO: Vocês zombam de nosso regime.

O FILÓSOFO: De jeito nenhum.

O DIRETOR DA PRISÃO: Vocês zombam de nossa república. Vocês zombam de… Onde vocês conseguiram o texto?

O POETA: Nós não temos o texto, nós improvisamos.

O DIRETOR DA PRISÃO: Aqui, numa prisão romena?! De novo!

13

O poeta. Ele se dirige diretamente ao público.

O POETA: Ontem, durante o passeio no pátio, me aconteceu uma coisa inacreditável. Me deixaram sair sozinho no pequeno pátio. No pequeno pátio, a gente é obrigado a ficar dando voltas, com passo regular, sem parar. Normalmente, eles nos deixam fazer isso uma centena de vezes. Se somos muitos, não podemos conversar nem nos aproximar uns dos outros. Somos obrigados a manter uma distância de ao menos dois metros em relação àquele que está na nossa frente. Não podemos nos olhar, nem fazer sinal, nem trocar objetos. Qualquer infração à regra é punida com a proibição do passeio por dois ou três meses.

Então, como eu estava dizendo, me deixaram sair sozinho. Eu dava voltas no pátio, feliz de poder enfim respirar um pouco de ar fresco e puro. Aliás, o pátio é tão feio, as paredes em volta são tão macabras, que a única coisa a se olhar é o céu. Eu já tinha dado umas dez voltas quando, de repente, percebi alguém na minha frente. Um homem, um homem vindo de lugar nenhum vestido com roupas da cidade. Pensei que era uma alucinação, mas não, era mesmo real. Um homem cinquentão passeava comigo, na minha frente, respeitando as regras rígidas do passeio. Como eu, ele olhava o céu de vez em quando, caminhava de modo regular, e, de vez em quando, mexia os braços como se fosse se espreguiçar. Assim, demos três ou quatro voltas em silêncio. Eu estava realmente espantado de ver no pátio um homem vestido com roupas da cidade. Tive até a impressão de que, por um milagre, meus passos tinham me levado para fora da prisão e que eu andava na verdade na calçada. No momento de começar a quarta volta, o senhor que estava na minha frente virou a cabeça por um segundo. Pude então ver seu perfil e, além disso, ele me piscou o olho. Sim, era o que eu tinha suposto. Esse senhor saído de lugar nenhum era, podem crer, Ionesco.

Nem consigo transmitir a vocês a que ponto fiquei alterado. Ionesco passeava comigo no pátio da prisão! Mas que presente precioso! Que forma sublime de êxtase! Subitamente, suas palavras, suas falas invadiram meu cérebro. Queria muito acelerar o passo para alcançá-lo e dirigir-lhe pelo menos uma frase para lhe dizer ao menos "obrigado por estar aqui". Eu estava rodeado por um enxame de réplicas, mil réplicas que eu adorava de modo visceral, que me haviam liberado o espírito e que agora giravam em círculo em cima de nossas cabeças. Não entendo como Ionesco fez para vir aqui com minhas réplicas preferidas, por exemplo, "o automóvel vai muito depressa, mas a cozinheira prepara melhor os pratos" ou melhor "Não seja vítima, em vez disso beije o conspirador" ou então "Meu tio mora no campo mas isso não preocupa a parteira" ou mesmo "Não posso fazer tudo porque não tenho sete mãos porque não sou uma vaca"... Meu coração batia bem forte e eu fazia um esforço enorme para não cair na risada. O que eu não queria mesmo é que me tomassem por louco e ainda por cima me punissem, proibindo meus passeios. Mas achava aquilo extremamente engraçado, o fato de Ionesco ter embaralhado todos os limites da realidade e da ficção para irromper aqui, no pátio da prisão, para dar sentido a meu universo deplorável.

Eu estava como que fora de mim, em transe, quase voando como numa pintura de Chagall, quando escutei A VOZ DO GUARDA: "Detento Penegaru, seu passeio terminou. Detento Penegaru, você está surdo, merda?".

14

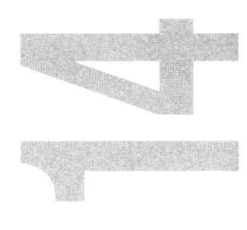

O diretor da prisão, o poeta.

O DIRETOR DA PRISÃO: Detento Penegaru. Entre. Sente-se. Quer um cigarro? Pegue aqui.

O POETA: Obrigado, camarada comandante.

O DIRETOR DA PRISÃO: Bom. Olhe aqui. (*Mostrando um dossiê bem grande.*) Esse aqui é o seu dossiê. Grosso, né? Escute aqui, Sérgio Penegaru. Vejo que você é... poeta... Bom. Digamos que sua poesia, para mim... não me diz nada... mas aprecio mesmo assim... Não sei o que aprecio, mas... aprecio digamos o fato de que você não seja um tipo comum. Você é ... diferente... Embora o homem novo de nossa sociedade socialista não tenha justamente o direito de ser diferente. Deve servir a pátria com todo o seu coração. Então todos os corações devem conter a mesma coisa... um amor imenso pela pátria... Mas no momento vamos deixar isso para lá. Em primeiro lugar o que eu quero é te dar um conselho como homem. Porque afinal também somos homens. Esqueça que sou o diretor dessa prisão. É isso aí. Esqueçamos por um minuto quem somos. Eu esqueço que você é detento e você esquece que eu sou o diretor. Somos antes de tudo homens... seres humanos... E o que eu te peço, enquanto ser humano, é que você não faça pouco de mim. Está sacando?

O POETA: Sim.

///

O DIRETOR DA PRISÃO: Sim. Sim. Sim. Sérgio Penegaru. Por que, meu bom Deus do céu, tenho sempre a impressão de que você está ironizando quando diz "sim"?

O POETA: Mas eu não sei, camarada comandante. Eu não fiz nada. Sou um detento modelo. Tudo o que eu quero é sair daqui. Não tem mistério.

O DIRETOR DA PRISÃO: Você quer sair daqui, mas seu dossiê é pesado. Bem pesado.

O POETA: Camarada comandante, estou aqui já há uns bons três meses e ainda nem fui julgado! O senhor acha isso normal?

O DIRETOR DA PRISÃO: E você? Acha normal mijar na estátua do Stálin?

O POETA: Estava completamente bêbado. Não sabia o que estava fazendo.

O DIRETOR DA PRISÃO: Escute aqui, Penegaru, você fez uma coisa tão grave que nossos juízes nem mesmo ousam julgá-lo. Você está entendendo? Normalmente, você deveria ter sido enviado diretamente ao pelotão de fuzilamento. É o que deveriam ter feito com você.

O POETA: Faz três meses que eu repito. Eu estava bêbado de cair.

O DIRETOR DA PRISÃO: E, para piorar, você gritou: "Viva Stálin!". Portanto você sabia muito bem o que estava fazendo.

O POETA: Eu só estava mijando, digo, passando por lá, é só isso. Eram duas horas da manhã, eu acabava de sair de um restaurante e estava com vontade de mijar, é só isso.

O DIRETOR DA PRISÃO: E por que, meu Deus do céu, você não mijou na frente do restaurante?

O POETA: Porque… tinha uma mulher na frente do restaurante… Então preferi passar por acaso diante da estátua de Stálin, e foi então que…

O DIRETOR DA PRISÃO: Escuta aqui, Penegaru. Pare com suas bobagens. Ninguém passa por acaso diante da estátua de Stálin. Ninguém passa por acaso duas horas da madrugada diante de uma estátua que fica bem no meio de uma praça de dez mil metros quadrados. Você percebe que está caçoando de mim?

O POETA: Não estou caçoando de ninguém. Estou doente, tenho frio o tempo todo, perdi dois dentes, tenho problemas de sobra. Tudo o que eu quero é que me deixem ir embora.

O DIRETOR DA PRISÃO: Então façamos um trato. Você me ajuda e eu te ajudo. Certo?

O POETA: Certo.

O DIRETOR DA PRISÃO: Eu posso te mandar, por exemplo, para a enfermaria. Você teria uma cama só para você, você comeria melhor. Você poderia consultar um médico.

O POETA: Sim, por favor.

O DIRETOR DA PRISÃO: Mas me diga quem é a cantora careca.

O POETA: O quê?

O DIRETOR DA PRISÃO: Sérgio Penegaru, pare com seu circo e me escute bem. Sei que é uma senha. Sei que é um nome de um agente infiltrado. Todos os nomes que são uma senha são assim. Diga-me quem se esconde atrás desse codinome.

(*A cantora careca aparece atrás do poeta. É uma personagem que tem a materialidade somente para o poeta, ela continua inexistente para o diretor da prisão.*)

A CANTORA: Vamos, Sérgio, diga para ele.

O POETA (*à cantora*)**:** Por que você me faz isso?

O DIRETOR DA PRISÃO: O quê?

O POETA: Não, nada… Estou cansado e começo a falar sozinho.

A CANTORA (*ao diretor da prisão*)**:** Não é verdade, senhor diretor da prisão.

O POETA (*à cantora*)**:** Por sua causa vou ficar na merda, senhora, de verdade.

O DIRETOR DA PRISÃO: Penegaru… Trabalhei durante dez anos no serviço secreto. Todos nós tínhamos um nome falso. Até as crianças sabem muito bem que os espiões trabalham encobertos por um codinome. Uma época meu apelido era "A tarantela". Tive um amigo cujo codinome era "A lontra". Ah! Como fiquei orgulhoso desse nome. "A tarantela" soa tão... bem... O apelido é sempre importante. A gente se identifica com ele. Motiva a gente. Tem também codinomes mais abstratos. Os russos tinham um agente infiltrado em Londres que se chamava NS55. Mas eu não, isso não me diz nada. É muito seco. É por isso que eu gosto de "A cantora careca". É um belo achado. Então, fala logo, por favor, quem é a cantora careca.

O POETA: É, sim, é um agente infiltrado.

O DIRETOR DA PRISÃO: Isso. Agora a gente tá falando a mesma língua. Quer mais um cigarro?

O POETA: Sim.

O DIRETOR DA PRISÃO (*acende o cigarro*): Portanto, agente infiltrado francês, imagino...

A CANTORA: (*atrás do poeta*): Diga sim, diga sim.

O POETA: Sim, é isso... francês.

O DIRETOR DA PRISÃO: Ou será que são os ingleses?

A CANTORA: Diga-lhe que todos os nomes na peça são ingleses.

O POETA: Na verdade... são os ingleses, sim... Aliás, todos os nomes da peça são em inglês. Até o pêndulo é inglês.

O DIRETOR DA PRISÃO: Quer dizer?

O POETA: Senhora Smith, senhor Smith, senhora Martin, senhor Martin. São todos ingleses.

O DIRETOR DA PRISÃO: Então é um codinome que se refere a um grupo?

A CANTORA: Sim.

O POETA: Sim... Tem também um bombeiro... e também uma empregada...

O DIRETOR DA PRISÃO: Seis, então?

A CANTORA: Sim.

O POETA: Sim.

O DIRETOR DA PRISÃO: Seis. Trata-se de paraquedismo?

A CANTORA: Totalmente.

O POETA: Totalmente.

O DIRETOR DA PRISÃO: Nos Cárpatos?

A CANTORA: Sim.

O POETA: Sim.

O DIRETOR DA PRISÃO: Para ajudar os bolsões armados da resistência?

A CANTORA: Os bolsões, isso mesmo. Ingleses.

O POETA: Totalmente.

O DIRETOR DA PRISÃO: E seu contato é *Ionesco*.

A CANTORA: Eugène Ionesco.

O POETA: Sim, é ele.

O DIRETOR DA PRISÃO: Então "a cantora careca" se refere a uma operação.

A CANTORA: Cem por cento sim.

O POETA: Verdade.

O DIRETOR DA PRISÃO: Olhe bem para mim, Sérgio Penegaru. Isso tem alguma coisa a ver com as manobras dos americanos para entrar nos Balcãs?

O POETA: É decididamente a chegada dos americanos.

A CANTORA: Inglês.

O DIRETOR DA PRISÃO: Você está tirando sarro da minha cara.

A CANTORA: Sim.

O POETA: Não!

A CANTORA: Diga sim, diga sim.

O POETA: Mas pare de me atrapalhar, minha senhora. Eu disse não!

O DIRETOR DA PRISÃO: Você está completamente doido. Você estava falando com quem?

(*Um jovem atravessa a cena, berrando. Tem várias facas enfiadas no seu corpo e deixa atrás de si um rastro de sangue. O poeta e a cantora careca olham para o vulto, mas o diretor da prisão não o vê.*)

15

Lâmpadas pendentes do teto até vinte centímetros acima da superfície de uma longa mesa. À sua volta, três especialistas em decodificação examinam vários documentos com uma lupa. O clima é tão misterioso quanto ridículo. Uma datilógrafa está batendo à máquina as conclusões da Comissão de Decodificação.

ESPECIALISTA 1: Aos cuidados dos órgãos encarregados da vigilância no território nacional... (*A máquina de escrever faz um barulho ameaçador.*) Não há dúvida, os quatro detentos interrogados na prisão de Sighet tentaram, na noite de 23 para o dia 24 de dezembro, memorizar toda uma série de mensagens codificadas. Como especialistas da linguagem codificada convocados no momento dos interrogatórios, conseguimos detectar umas vinte frases suspeitas. São frases que apresentam todas as características das mensagens também denominadas "mensagens particulares". Aqui vão alguns exemplos:

ESPECIALISTA 2: Um: "Veja, são nove horas".

ESPECIALISTA 3: Dois: "As crianças beberam água inglesa".

ESPECIALISTA 1: Três: "O azeite da mercearia da esquina é de qualidade bem superior ao da mercearia aqui da frente".

ESPECIALISTA 2: Quatro: "Mary cozinhou bem as batatas".

ESPECIALISTA 3: Cinco: "O iogurte é excelente para o estômago, os rins, a apendicite e a apoteose".

ESPECIALISTA 1: Seis: "Na Inglaterra, só a marinha é honesta". Chega de exemplos e vamos passar à análise.

A DATILÓGRAFA: Esse é o exemplo número sete?

ESPECIALISTA 1: O quê?

A DATILÓGRAFA: "Chega de exemplos e vamos passar à análise" é o exemplo número sete?

ESPECIALISTA 1: Não, sou eu que estou dizendo isso... Aqui paramos com os exemplos para poder passar à análise.

A DATILÓGRAFA: Tudo bem. Temos então seis exemplos ao todo.

ESPECIALISTA 1: É absolutamente evidente e claro que as frases se parecem como duas gotas de água às mensagens codificadas difundidas pela Rádio Londres durante a Segunda Guerra Mundial.

ESPECIALISTA 2: Aliás, é bom dizer, esse tipo de mensagem foi inventado pelos franceses. Eram mensagens para a Resistência francesa, em geral, mas destinavam-se também aos agentes britânicos infiltrados na Holanda, na Itália, na Bélgica. Para poder comparar melhor, aqui estão algumas mensagens autênticas da época:

"Gabrielle te manda lembranças."
"Lisette vai bem."
"Uns amigos vão aparecer esta noite."
"As crianças se entediam aos domingos."
"As cenouras já cozinharam."
"O guarda dorme com um olho aberto."

Algumas dessas mensagens anunciavam as operações aéreas, outras de paraquedas ou outras ainda representavam a senha para uma sabotagem.

ESPECIALISTA 3 (*para o especialista 1*): Posso falar? Acho absolutamente gritante a semelhança entre "As cenouras já cozinharam" e "Mary cozinhou as batatas".

ESPECIALISTA 1: Sim, é evidente.

ESPECIALISTA 3: Ou então... "As crianças se entediam aos domingos" e "As crianças beberam água inglesa".

ESPECIALISTA 1: É gritante, é evidente.

ESPECIALISTA 2: É gritante, é inquietante, é grave.

ESPECIALISTA 3: "Lisette vai bem", por exemplo, anunciava um bombardeio dos aliados ao porto do Havre. O serviço secreto britânico da época utilizava até fragmentos poéticos para avisar a Resistência. Por exemplo, a primeira estrofe do poema "Canção de Outono", de Paul Verlaine, foi utilizada pela Rádio Londres antes do desembarque na Normandia para informar a Resistência que isso ia acontecer nas próximas horas. Assim, não é nenhuma surpresa que Sérgio Penegaru, que também é poeta, tenha sido encarregado de levar essas mensagens.

ESPECIALISTA 1: É preciso notar que o perigo dessas mensagens reside na sua própria simplicidade. Esse tipo de mensagem é simples porque não tem nenhum algoritmo, como no caso das mensagens em que cada letra deve ser substituída por outra para descobrir o sentido oculto. No caso dessas "mensagens particulares", o princípio é quase primitivo: a frase pode nem ter um sentido específico, pode ser completamente absurda.

ESPECIALISTA 3: "Uns amigos vão aparecer essa noite" pode significar por exemplo "Tropa de paraquedistas nos Cárpatos".

O DIRETOR DA PRISÃO: E "a cantora careca"?

ESPECIALISTA 1: "A cantora careca" faz parte da mesma família de nomes de código que designam operações de envergadura. A invasão da União Soviética pelos nazistas tinha sido batizada de "operação Barbarossa".

ESPECIALISTA 2: O nome de código do ataque da Noruega por Hitler era "Weserubüng".

ESPECIALISTA 3: O desembarque dos aliados em junho de 1944 levava o nome de "Operação Overlord".

ESPECIALISTA 1: O ataque dos japoneses a Pearl Harbour em 1941 tinha o nome de "Tora, Tora, Tora".

ESPECIALISTA 2: Outras operações foram chamadas de "Teseu", "Epson", "Fortaleza", "Chacal", "Raposa do deserto"… Parece-me então evidente que a expressão "a cantora careca" dissimula, sem sombra de dúvida, uma operação em curso.

O DIRETOR DA PRISÃO: O desembarque dos americanos nos Balcãs. É verdade. Todos os contrarrevolucionários esperam por isso desde que a guerra acabou.

ESPECIALISTA 1: De todo modo, estamos diante de uma enorme armação.

ESPECIALISTA 2: Poderia ser também uma grande operação de intoxicação.

O DIRETOR DA PRISÃO: Vocês acham que ele tenta nos intoxicar, esse tal de Ionesco?

ESPECIALISTA 3: De todo modo, mesmo "Ionesco" deve ser um nome de guerra. Na Romênia, há centenas de milhares de *Ionescos*. É banal demais para que esconda alguma coisa.

(*Escuta-se uma canção que vem das celas: "Să trăiscă partizanii, pînă vin americanii". A canção fica cada vez mais alta, parece que dezenas, depois centenas de vozes vão se juntando para cantá-la.*)

16

O POETA: Camaradas, encarregados de minha reeducação. Declaro que meu espírito pronunciou ontem à noite as frases seguintes.

Passei meu quinquagésimo octogésimo terceiro dia romeno na minha cela romena da prisão romena onde tenho três anos a pagar por atividades antirromenas.

Um dos meus antigos companheiros de cela morreu de morte romena. A consequência foi que paramos as aulas de latim.

Chegou um novo companheiro de cela romeno.

Tem sempre cinco na cela.

Tomamos a execrável sopa romena e comemos repolho romeno sem gosto.

Calculamos o número de anos de nossas sentenças juntas: vinte e três bons anos de prisão romena.

Faz um enorme frio romeno na nossa cela romena.

De tempos em tempos, o guarda romeno abre o Judas da porta romena de nossa cela e nos ordena em romeno para não falarmos entre a gente.

Então a gente se cala em romeno...

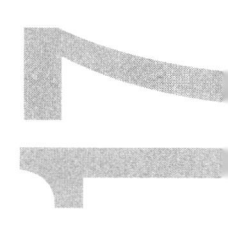

No locutório. O poeta e Mitzi, que lhe trouxe um pacote.

MITZI: Você emagreceu, camarada Sérgio.

O POETA: Mitzi, não me diga que você é real! Me acontece... faz um tempinho que eu dei para ter alucinações. Você veio me ver, euzinho, eu mesmo? É isso?

MITZI: Coma, camarada Sérgio.

O POETA: Tudo isso para mim? E te deixaram vir me ver?

MITZI: Sim.

O POETA: Com toda essa comida?

MITZI: Sim, é Natal. É normal, mesmo numa prisão.

O POETA: Não é, não! Mitzi, não é normal. Desde que estou aqui, nenhum dos meus colegas de cela teve o direito de receber visitas nem comida.

MITZI: Também trouxe uma garrafa de vodka, mas ficou retida na vigilância.

O POETA: Mitzi, será que estou sonhando? Mitzi, me belisque que quero ter certeza de estar acordado.

MITZI (*choramingando*): Sempre te admirei, camarada Sérgio.

O POETA: Você sempre me admirou? E é por isso que você se arrisca e vem me ver?

MITZI: Sim.

O POETA: E por que você nunca me disse nada?

MITZI: Porque você estava sempre bêbado.

O POETA: E é por isso que você veio aqui? Pois aqui, enfim, sou obrigado a ficar sóbrio?

MITZI: Sim.

O POETA: Mitzi, você é adorável. Você é casada?

MITZI: Não!

O POETA: Então estou pronto para me casar com você.

MITZI: Você está brincando, camarada Sérgio. Sei que sou uma boba. Todo mundo me considera um pouco boba. Inclusive o senhor. E é verdade que nunca fui muito bem na escola. Quando os camaradas vieram para escolher os jovens camponeses para fazer o Curso de Literatura, me escolheram porque eu cantava bem as belas canções tradicionais. Aliás, fui logo falando ao camarada que me selecionou... Falei que eu só sabia cantar e ponto, que eu não sabia nada de literatura. Mas ele considerou que eu era um elemento são e que a nova sociedade tinha necessidade de escritores saídos diretamente da base.

O POETA: Mitzi, você me fez muito feliz, sabe? Nunca nenhuma mulher fez isso por mim.

MITZI: E agora sou chefe de sala.

O POETA: No restaurante? Foi promovida?

MITZI: Sim.

O POETA: Muito bem, Mitzi, estou feliz por você!

MITZI: E escrevi também um livro.

O POETA: Um livro!

MITZI: Sim… está aqui.

(*Estupefato, o poeta folheia o livro.*)

É um livro de histórias. Para crianças.

O POETA: Eles disseram que eu posso ficar com ele?

MITZI: Sim! São histórias que escutei quando era pequena. Era a minha avó que me contava. Ela inventava histórias, minha avó. Eu nunca tive jeito para inventar nada, mas tenho boa memória.

O POETA: Mitzi, é o primeiro livro que toco em dois anos… você sabe… Mitzi, gostaria de te abraçar bem apertado.

MITZI: Vou voltar, camarada Sérgio. E o senhor tem o abraço das outras garçonetes e do camarada Chapira.

O POETA: Continua o mandachuva do bufê?

MITZI: Sim, continua cada vez mais poderoso, sabe. Todo mundo vai lá comprar manteiga ou linguiça seca. Na cidade, o senhor sabe, falta tudo. Até os camaradas escritores que são membros do Comitê Central vão comprar comida na loja do Chapira.

O POETA: Então foi... foi ele que conseguiu... Me diga, Mitzi, você veio com quantos quilos de linguiça para que te deixassem vir ao locutório?

MITZI: Uns trinta mais ou menos... mas também café, chocolate...

O POETA: Mitzi, diga ao Chapira que jamais me esquecerei disso tudo.

MITZI: A gente sente sua falta. O restaurante, sem o senhor, não é mais o mesmo. Até os delatores e as balanças se entediam. E outro dia a camarada Vengola disse em voz alta, na frente de todo mundo... "sinto saudades dele, daquele babaca".

O POETA: Então fale, por favor, à camarada Vengola que eu também tenho saudades dela.

MITZI: Vou dizer para ela. Ela também me disse, no meu ouvido que... "o degelo está chegando".

O POETA: Ela te disse isso mesmo? De me dizer que "o degelo está chegando"?

MITZI: Aliás, todo mundo me mandou dizer ao senhor todo tipo de frase... Por exemplo, "tem Picasso no ar"...

O POETA (*sonhador*): Tem Picasso no ar...

MITZI: E também... "Ionesco conseguiu o visto"...

O POETA: Quem te disse isso? Foi o Aurel?

MITZI: Foi.

O POETA: Ionesco recebeu o visto! Ah!

MITZI: Tenho outras mensagens, mas queria também fazer uma pergunta.

O POETA: Sim?

MITZI: Não me atrevo... porque... como sou um pouco tonta... O senhor sabe, as pessoas do restaurante ainda riem e repetem as brincadeiras que o senhor fazia.

O POETA: Quando?

MITZI: Quando o senhor disse à camarada Vengola que queria...

O POETA: Transar com ela?

MITZI: Sim. Mas eu, na verdade... nunca entendi perfeitamente... Quando o senhor me pediu para trazer duas mesas a mais... o que o senhor estava querendo dizer?

(*Pausa longa. O poeta enxuga uma lágrima. Não se sabe muito bem se ele ri ou chora.*)

O POETA: Mitzi, você, por um acaso, está de peruca?

MITZI: Não.

O POETA: São naturais?

MITZI: São, por quê?

O POETA (*para si mesmo*)**:** Ionesco conseguiu o visto.

Mitzi lê uma história.

MITZI: Era uma vez um rei de um país que não tinha nome. O reizinho também não tinha nome. E o rei, como era baixinho, não suportava que seus súditos fossem maiores do que ele. Então, quando o rei passeava pelas ruas, as pessoas tinham que andar pelas valetas, pois assim o rei parecia maior.

Mas o problema é que o rei estava encurtando. Cada dia que passava, diminuía um milímetro. Não era muito, mas nem por isso deixava de aborrecer. E o povo da cidade era obrigado a cavar valetas ainda mais profundas ao longo das ruas para poder andar sem se fazer decapitar.

Logo o rei se tornou bem pequenininho e as valetas, valas muito fundas. Quando o rei passeava pela cidade, ele praticamente não via mais seus súditos, já completamente engolidos pela profundidade dos canais. Assim estava feliz. Como não podia mais comparar seu tamanho com o de seus súditos, ele não via mais a que ponto ele tinha ficado minúsculo. Assim diminuto, um dia uma gota de chuva caiu por acaso exatamente sobre a cabeça do rei e esmagou-a. O rei não existia mais, mas os súditos continuaram a viver em valas profundas. Por quê, não saberia dizer, minha criança.

O poeta, a cantora careca ou sua sombra.

O POETA: Sim, madame?

A CANTORA CARECA: Estou atrapalhando?

O POETA: Estou escrevendo uma carta... Me aconselharam mandar a carta diretamente ao primeiro secretário geral do Partido Comunista. Quer que eu a leia?

A CANTORA: Sim.

O POETA: Camarada Primeiro Secretário Geral do Partido Comunista Romeno. Chamo a sua atenção para o meu caso, escritor, poeta e tradutor, membro antigo da União dos Escritores. Estou detido sem julgamento há três anos pela única razão de ter mijado um dia na estátua de Stálin em Bucareste. Mas gostaria de precisar que cometi este gesto altamente simbólico incitado pelo relatório apresentado pelo camarada Krouchtchev durante o XX Congresso do Partido Comunista da União Soviética. Como o senhor sabe, o camarada Nikita Krouchtchev, como Primeiro Secretário do Partido Comunista da União Soviética, denunciou com vigor a má gestão da construção do comunismo por Stálin, assim como seu lado

paranoico, que o levou a executar centenas de milhares de membros do partido fiéis à causa marxista-leninista. Peço que considere, caro camarada Primeiro Secretário Geral do Partido Comunista Romeno, que é com esse espírito que mijei na estátua de Stálin. É para mostrar que concordo totalmente com a análise feita por um de nossos irmãos de Moscou. Eis a razão pela qual peço, caro camarada, que meu caso seja reexaminado à luz do relatório de Krouchtchev que condena o culto à personalidade de Stálin.
Viva o Partido Comunista Romeno!
Viva a República Popular Romena!
Viva o marxismo-leninismo e seus clássicos!
Assinado: Sérgio Penegaru.

Então, o que é que você me diz?

A CANTORA CARECA: Está bom. Está bom mesmo. Acho que Ionesco também aprovaria esse texto.

O POETA: Você pensa isso, é mesmo?

A CANTORA CARECA: Sim.

O POETA: Vou tentar lhe passar amanhã durante o passeio. Ele é tão educado. Todos os dias, na hora do passeio, ele surge no pátio. Mas nunca nos falamos, pois não tenho permissão. Não fico chateado com isso, pois o que me importa mesmo é saber que ele está lá por perto. Às vezes vem também o senhor André Breton. Até Beckett. Um dia tinha uns dez fazendo a ronda, eu, Ionesco, Beckett, Cioran, Lautréamont, Henri Michaux, Tzara, Jarry... Estavam todos comigo, todos... Até Sartre. Fiquei feliz de ver Sartre por lá, no pátio dessa prisão onde noventa por cento dos detentos falam francês e mais da metade estudou na França antes da guerra. Mas você está chorando, senhora cantora careca?

A CANTORA CARECA: Sim, estou muito tocada. O senhor me cita sempre... eu, uma personagem que nem mesmo existe.

O POETA: Sim, porque eu a amo, minha senhora. Amo tanto sua ausência. A senhora representa para mim, de algum jeito, a ideologia. Numa sociedade ideal, a ideologia deveria ser tão discreta como você.

A CANTORA CARECA: Mas que ideia o senhor teve, há três anos, de me fazer entrar na peça... na peça que o senhor contava aos colegas de cela.

O POETA: Senhora, como preso político tenho toda a liberdade... e depois, como eu contava tudo de memória... era de se esperar que eu cometesse alguns erros. Quer rever aquela cena, minha senhora? Foi por isso que veio?

A CANTORA CARECA: Sim, por favor! Deixe-me entrar mais uma vez!

(*O poeta se dá conta bruscamente de que anda sobre folhas ensanguentadas que se colam às solas de seus sapatos.*)

O POETA: O que é isso, todas essas folhas ensanguentadas? Elas são suas?

A CANTORA CARECA: *Sérgio*, deixe quieto.

20

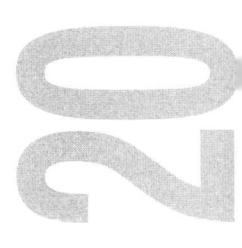

Sonho misturado à realidade. Diríamos que o poeta fantasia uma encenação em que se fundem *A Cantora Careca* e *A Lição*. No seguinte delírio, o poeta interpreta vagamente o papel da senhora Smith, o filósofo interpreta o senhor Smith, o antigo magistrado e o antigo ministro representam o senhor e a senhora Martin, Mitzi vira a empregada (Mary), Vera torna-se o aluno e o redator-chefe transforma-se no professor, enquanto o diretor da prisão vira o bombeiro.

Tudo se passa dentro da cela. O Judas poderia ser um elemento-chave da cenografia.

Escuta-se um barulho estranho que lembra o grito de um homem sendo torturado.

O POETA: Olha, são nove horas.

O FILÓSOFO: Por quê? Por que alguém bate à porta?

(*O poeta vai até a porta, abre – paradoxalmente do interior –, o Judas olha "fora", o Judas fecha. O poeta abre em seguida a porta da cela – paradoxalmente sempre do interior –, olha à direita, à esquerda, volta.*)

O POETA: Ninguém. Era o pêndulo.

O FILÓSOFO: Ah, não, era a campainha inglesa.

O POETA: Ah, não, era nosso pêndulo inglês.

(*Um novo grito de algum lugar da prisão.*)

O FILÓSOFO: É a confirmação. Alguém está batendo à porta. Contei direitinho: dezessete batidas.

O POETA: Mary!

O FILÓSOFO: Mary!

(*A porta da cela se abre. Mitzi faz sua aparição no papel da criada.*)

MITZI: Sim, senhora? Sim, senhor? Vocês acabaram de jantar e querem deixar entrar os convidados? Bom, está bom, vamos depressa com isso que tenho muita coisa para fazer, como, por exemplo, preparar o jantar e deixar entrar os convidados.

O FILÓSOFO: Vá abrir, Mary. É certeza que tem alguém na porta.

O POETA: Mas não abra de jeito nenhum. Nunca tem ninguém na porta quando toca a campainha.

O FILÓSOFO: Não é verdade. Quando se toca pela quarta vez, tem sempre alguém na porta.

O POETA: Mary, vá abrir quatro vezes para provar a esse senhor que nunca tem ninguém na porta quando o relógio bate quatro badaladas.

(*Mary vai e abre a porta da cela. Dois presos em estado lamentável esperam na soleira da porta: o antigo ministro e o antigo magistrado.*)

MITZI: Aqui estão o senhor e a senhora Martin. Foram convidados para jantar, mas não tinham coragem de entrar. Estão esperando desde de manhã (*Para os "convidados".*) Entrem, limpem bem os pés no capacho, sejam educados e comportem-se como seres civilizados.

O FILÓSOFO: Boa noite, queridos amigos. Foram vocês que tocaram a campainha?

O ANTIGO MAGISTRADO: Ah, não. (*Para sua "mulher".*) Quem sabe foi você, Elizabeth?

O ANTIGO MINISTRO: Ah, não. Não fui eu. Eu nunca toco a campainha.

O ANTIGO MAGISTRADO: É isso, então não fomos nós.

(*Um grito horrível na porta, seguido de golpes atrozes.*)

A VOZ DE VERA: Socorro! Piedade! Abram!

O FILÓSOFO: Olha só, tem alguém batendo.

O ANTIGO MINISTRO: Olha só, tem alguém batendo.

O ANTIGO MAGISTRADO: Isso deve ser alguém.

O ANTIGO MINISTRO: Mas não somos nós.

O ANTIGO MAGISTRADO: Não, nós não, a gente prefere esperar às vezes a noite toda com o capitão dos bombeiros, porque a gente fica contando piada de política, mas a gente nunca toca a campainha.

A VOZ DE VERA: Querem me matar! Abram!

O FILÓSOFO: Então deve ser o capitão dos bombeiros.

O POETA: Mas não há nenhum incêndio na casa. Não vejo, portanto, razão alguma para o capitão dos bombeiros ter se deslocado até aqui.

O ANTIGO MINISTRO: E, no entanto, o meu marido fuma...

O POETA: Oh, os "homens". Assim que tem um incêndio na casa, eles começam a fumar. Vamos, Mary. Vá abrir para o capitão.

MITZI: Muito bem, senhora. Mas já vou logo avisando que ainda não preparei o jantar. Como a campainha não para de tocar na sua casa, não tenho tempo de preparar coisa nenhuma.

(Mitzi abre. Uma mulher ensanguentada irrompe na cela. De algum modo como a personagem do aluno na peça de Ionesco A Lição.*)*

VERA: Desculpem-me por interromper o seu jantar. Nem mesmo tenho tempo de lhes dizer "Boa noite", pois minha vida está em perigo. Seu vizinho de frente, o professor de decodificações indutivas e dedutivas, quer me apagar. Por favor, me escondam em qualquer lugar porque, além de tudo, estou com uma otite e não escuto nada.

MITZI: Antes de qualquer coisa, limpe os pés no capacho. Quando se vem de fora, é preciso limpar os pés e ser educado. Entendido? Sente-se aí um pouco e agora espere.

(Os passos de alguém que se aproxima correndo e se põe, por sua vez, a dar batidas fortes na porta.)

VERA: Ah, é ele! Estou perdida!

O POETA: Olha só, são nove horas.

O FILÓSOFO: Olha só, alguém está batendo na porta.

O ANTIGO MINISTRO: Mas não somos nós.

VERA: Misericórdia! Ele está me perseguindo com uma faca, e meus ouvidos estão latejando!

O FILÓSOFO: Mary, pode começar a preparar o jantar. Depois a gente abre.

(*Alguém bate furiosamente na porta.*)

A VOZ DO REDATOR-CHEFE: Vadia! Sei muito bem que você está aí! Abram a porta! Mary, abra já essa porta!

VERA: Estão escutando? Parece um touro neo-espanhol.

A VOZ DO REDATOR-CHEFE: Vadia! Vou te arrancar as orelhas!

VERA: Ele queria me ensinar a extrair a raiz quadrada das palavras, mas eu sou um zero à esquerda em matéria de geografia. Vocês escutaram os gritos dele?

O FILÓSOFO: Que gritos? Eu não escutei nada (*Para sua "mulher".*) Você escutou alguma coisa?

O POETA: Não, absolutamente nada. Fora o relógio que acaba de soar as onze badaladas, sinal de que o jantar está pronto.

O FILÓSOFO (*ao senhor e à senhora Martin*): Vocês escutaram alguma coisa, queridos amigos?

O ANTIGO MINISTRO: Não, nada. Não escutamos grito nenhum. De todo modo, não fomos nós.

O ANTIGO MAGISTRADO: E, além de tudo, a revolução internacional está em crise. Portanto, uma coisa é certa: isso faz mal para os dentes.

(*O redator-chefe força a porta e entra. Limpa os pés, lógico. Traz um buquê de flores numa mão – de preferência a esquerda – e uma faca na outra – de preferência a direita.*)

O REDATOR-CHEFE: Boa noite, senhora Smith; boa noite, senhor Smith; boa noite, senhora Martin; boa noite, senhor Martin; boa noite, Mary. (*Ataca Vera, "a aluna", dando-lhe várias facadas*). Toma! Toma! Toma! É para você aprender a esquecer como se fala "rosas" em romeno! (*Para os outros.*) Permitam-me me apresentar... Sou professor de filosofia exata, de línguas vagas e de ideias preconcebidas... Acabo de me instalar na cela da frente, onde moro há dez anos. Mas, devido ao meu trabalho extenuante, sobretudo com essas vadias que querem todas aprender a escrever poemas patrióticos, ainda não tive tempo de vir, como é de bom-tom entre vizinhos, me apresentar e cumprimentá-los. Mas vocês com certeza foram muito importunados, esses anos todos, por essas batidas na porta... Pois são sempre essas vadias agonizantes que batem à porta depois de escaparem de minha vigilância... Depois de levarem a primeira facada, fogem, atravessam a rua e vêm para sua porta e começam a tocar a campainha, uma vez, duas vezes... Antes, é claro, que eu acabe com elas sistematicamente na soleira de sua porta (*Entrega as flores ao filósofo que representa o "senhor Smith".*) É por isso, aliás, que você encontra, cada vez que abre a porta para ver quem tocou a campainha, o cadáver de uma de minhas alunas na soleira de sua porta.

O FILÓSOFO (*coloca as flores sobre o peito da jovem morta*): Mas nós nunca aprendemos a conjugar o verbo "porta" em romeno.

O POETA: E nós, fora os cadáveres que o capitão dos bombeiros recolhe todo dia, nunca encontramos nada na soleira de nossa porta.

O ANTIGO MAGISTRADO: Quanto a nós, mesmo se às vezes passamos dias e dias esperando na porta, para não chegarmos atrasados no jantar do senhor e da senhora Smith, também não vimos nada.

O ANTIGO MINISTRO: Fora o capitão dos bombeiros que a gente ajuda, de vez em quando, a tirar os cadáveres e a escondê-los debaixo do capacho.

VERA (*sentando-se bruscamente*): Não estou morta, não estou morta...

(*O professor a esfaqueia pela segunda vez.*)

MITZI: Agora, já que está todo mundo aqui, e porque o senhor o professor foi o único a limpar os pés antes de vir da rua, poderíamos, talvez, mesmo assim, passar finalmente à mesa.

O POETA: Ah! Que boa ideia inglesa. Nós não comemos nada desde a nossa última refeição.

O FILÓSOFO: Mary preparou uma sopa romena de couve...

O POETA: E nós também temos uma sopa romena de couve...

(*Escuta-se a sirene do carro de bombeiros. O pêndulo soa dezessete vezes. Escuta-se a campainha e ao mesmo tempo batidas na porta.*)

Escuta, tem alguém aí batendo na porta.

O FILÓSOFO: Não, foi o relógio que soou nove horas.

O POETA: E eu estou falando que alguém está gritando por socorro.

O ANTIGO MAGISTRADO: Impossível, o Judas está fechado.

O POETA: De todo jeito, estamos esperando nossos convidados, o senhor e a senhora Martin. Então é natural que alguém grite por socorro na porta, enquanto esperamos os convidados.

O ANTIGO MAGISTRADO E O ANTIGO MINISTRO: De qualquer jeito, não fomos nós...

VERA (*sentando-se bruscamente*): Não estou morta, não estou morta, eu também quero comer... (*O professor e o "senhor Martin" avançam nela, golpeando-a ferozmente uma vez mais.*) Agora estou.

O REDATOR-CHEFE: Quem sabe fui eu que toquei dessa vez, pois de todo jeito queria vir dar as boas-vindas, já que vou mudar aqui para a frente na semana que vem...

(*O diretor da prisão entra.*)

O DIRETOR DA PRISÃO: Senhores e senhoras, boa noite. Desculpem-me chegar assim lá de fora, mas uma coisa terrível está acontecendo aqui mesmo diante de sua porta. Nem sei como falar. Me sinto como um mensageiro que traz uma carta, mas, no momento de entregá-la ao destinatário, a carta pega fogo. Como ler, nessas condições, uma mensagem codificada, quando toda carta pega fogo no momento em que ela é aberta? Mas o que é que eu queria dizer mesmo? Alguém espera na soleira de sua porta carregando um gigantesco bolo de aniversário com mil velas.

O POETA: Pronto, isso tinha que acontecer. Sempre disse que com pouco dinheiro se pode comprar ótimos livros de culinária.

O DIRETOR DA PRISÃO: Pronto. E além do mais todas as velinhas estão acesas. E vocês entendem até que ponto isso pode inquietar o capitão dos bombeiros. Portanto vim colocar para vocês a seguinte questão: por um acaso vocês convidaram para jantar esta noite uma pessoa que deveria trazer um bolo de aniversário com mil velas?

O FILÓSOFO: Não!

O POETA: De jeito nenhum!

O ANTIGO MAGISTRADO: Fora!

O ANTIGO MINISTRO: Jamais!

O FILÓSOFO: Além do mais, de todo jeito, nosso jantar já acabou. E de todo modo, nós jamais… a gente nunca janta duas vezes seguidas.

O REDATOR-CHEFE: Por outro lado, se por um acaso for preciso cortar o bolo, já temos uma faca…

VERA: E eu também, eu também quero um pedaço de bolo… (*O "professor", o "senhor Martin" e o "capitão" se jogam juntos sobre a "aluna" Vera, massacrando-a.*) Não estou morta, não estou morta… Agora estou.

O DIRETOR DA PRISÃO: Ah, e me esqueci de dizer também que essa pessoa que espera na porta está muito emocionada, razão pela qual eu lhe dei esse lenço para que ela enxugue suas lágrimas…

O POETA: Minha querida Mary, quem sabe não foi você que pediu um bolo de aniversário?

MARY: De jeito nenhum, não cheguei a esse ponto de piração.

O FILÓSOFO: Alguém aqui encomendou um bolo de aniversário?

O VELHO MINISTRO E **O SENHOR MARTIN:** De todo jeito, não fomos nós.

VERA: Eu também não. (*O mesmo jogo, o "professor", o "capitão", o "senhor Martin" e a "senhora Martin" se jogam todos os quatro sobre Vera e desferem golpes uma vez mais.*) Ai! Ai! Os mistérios da memória…

O FILÓSOFO: Portanto, uma coisa é certa. Ninguém daqui encomendou um bolo de aniversário.

O POETA: Curiosa situação dramática. Nesse caso, você pode abrir, Mary.

(*Mary abre. Entra a mulher de cabelos de fogo trazendo um relógio enorme. É o diretor que deve criar essa personagem. Eis aqui, portanto, uma proposta:*

ela tem cabelos de fogo, como as girafas de Dalí que possuem as crinas em chamas.)

MITZI: Entre, sente-se, apresente-se, diga logo a que veio e limpe bem os pés. Mas vou logo dizendo que, como você não era esperada aqui, não tem o direito à palavra.

A MULHER DE CABELOS DE FOGO (*choramingando*): Sou a cantora careca.

O FILÓSOFO: Ah!

O POETA: Oh!

O ANTIGO MAGISTRADO: Mais essa agora!

O REDATOR-CHEFE: Isso é empirismo barato.

O ANTIGO MINISTRO: Mas você não existe, senhora.

A MULHER DE CABELOS DE FOGO: É verdade, mas eu também tenho o direito de sonhar.

O ANTIGO MINISTRO: Mas isso é inadmissível. Sonhar quando a gente não existe é tipicamente romeno e contra as leis romenas.

A MULHER DE CABELOS DE FOGO: Eu sei, mas hoje é um dia excepcional.

O FILÓSOFO: Mary, traga um extintor para essa pobre senhora.

O DIRETOR DA PRISÃO: Espero que pelo menos as velas sejam inglesas.

O POETA: Mary, por favor, diga a essa senhora para se sentar, pois, como ela não existe, não posso lhe dirigir diretamente a palavra.

(*A louca de cabelos de fogo se aproxima, seus longos cabelos em chamas iluminam o espaço.*)

A MULHER DE CABELOS DE FOGO: Obrigada, Mary. Obrigada, senhor Smith. Obrigada, senhora Smith. Obrigada, senhora Martin. Obrigada, senhor Martin. Obrigada, senhor capitão dos bombeiros. Você me deu agora pouco seu lenço. Fiquei muito tocada.

O POETA: Oh!

O FILÓSOFO: Ah!

O POETA: Mas o que ela está fazendo? Não podemos nos permitir pedir a ela que fique, mesmo se falamos para ela se sentar. Ela não existe enquanto personagem.

O ANTIGO MAGISTRADO: Você é apenas uma réplica. E é só. Você não tem o direito de aparecer...

O ANTIGO MINISTRO: E, além do mais, você "está sempre com o mesmo penteado"!

O REDATOR-CHEFE: "Pelas barbas de um poodle", como dizia Ionesco. Não chore, senhora. Assim você me corta o coração. (*Para Mary.*) Mary, traga mais uns lenços para esta pobre senhora.

O DIRETOR DA PRISÃO: Vamos lá, senhora, já que você está aqui, mesmo não existindo, diga-nos o que a traz aqui até nós.

A MULHER DE CABELOS DE FOGO: Com efeito, como o senhor Penegaru festeja os mil dias que está preso... gostaria de oferecer um presentinho... Mas não sei em que língua falo com ele, pois não tenho língua materna... E, para piorar, tenho um branco na memória.

O REDATOR-CHEFE: Mas não é possível. Eu, como especialista de língua vagas, garanto a vocês que estão enganados. Mesmo quando se tem um buraco na memória, é primeiro na nossa língua materna que a gente esquece.

A MULHER DE CABELOS DE FOGO: De jeito nenhum, senhor. O senhor percebeu que falo francês com um leve sotaque romeno? Isso é porque nasci na Romênia, mas meu pai, que era de origem búlgara, falava romeno com um forte sotaque turco, o que era natural para os Bálcãs. Ao passo que minha mãe, que era filha de um médico húngaro, falava romeno com um forte sotaque alemão, o que é natural para a Europa central. Aliás, meus pais se divorciaram quando eu tinha três anos e minha mãe me levou com ela para Londres, onde ela tinha casado, antes da morte do seu primeiro marido, com um sujeito da coroa britânica naturalizado, que portanto falava inglês com um forte sotaque português, pois ele era do Brasil. O que é natural para o Ocidente. O que fez com que eu falasse romeno com um sotaque búlgaro, alemão com sotaque húngaro e inglês com um sotaque português. Depois da morte do seu marido, seguida da amputação parcial do cérebro que não foi muito bem-sucedida, minha mãe me mandou para os meu avós sérvios na Eslováquia, pois ela agora estava casada com um marido que não gostava de crianças porque a avó dele tinha sido parteira. Portanto, fui escolarizada em latim vulgar, que sempre falei com um forte sotaque anglo-português.

Mais tarde, quando me apaixonei, vim viver em Paris e aprendi também o francês, mas sempre carregando meu sotaque romeno, pois não deixam de ser duas línguas latinas em seguida. O que faz com que eu não fale perfeitamente nenhuma língua, apesar de conhecer umas dez, pois em Berlim fiz aulas de espanhol para poder preservar meus conhecimentos de grego. Esse é, portanto, meu drama, falo dez línguas, mas não tenho total intimidade com nenhuma. Vocês compreendem o que isso quer dizer, para uma mulher que nunca é convidada para os jantares da cidade?

O FILÓSOFO: Bem, senhora, sua história é emocionante, mas a gente não liga e tenho que repetir que a senhora não existe do ponto de vista literário legal, compreende?

O ANTIGO MAGISTRADO: A senhora não faz parte da peça, está na lista negra.

O POETA: É por isso que não podemos lhe dirigir a palavra diretamente. (*Para Mary.*) Mary, acompanhe, por favor, a senhora cantora careca até sua casa, atrás da porta.

(*Subitamente, a mulher de cabelos de fogo larga o relógio que tomba por terra e se quebra em muitos pedaços. Longo silêncio.*)

O ANTIGO MAGISTRADO: Pronto, agora vamos nos eternizar. Não são mais nove horas, não é nada. Sempre disse que o pêndulo mostra o contrário da hora certa. Diga-nos, senhora cantora careca, o que ainda podemos fazer por você.

A MULHER DE CABELOS DE FOGO (*tímida*)**:** Eu só queria dar um beijo no senhor Penegaru...

O DIRETOR DA PRISÃO: Avance, senhor Penegaru, o senhor está vendo bem que essa criatura lhe traz um presente.

A MULHER DE CABELOS DE FOGO: Senhor Penegaru. Eu te amo.

(*A mulher de cabelos de fogo dá um beijo no poeta. Depois recolhe os pedaços do pêndulo quebrado e os deixa nos braços do poeta.*)

A MULHER DE CABELOS DE FOGO: Eis aqui seu tempo quebrado, senhor... Agora o senhor está livre...

(*Ela toma o poeta pelo braço e sai com ele da cela.*)

21

O apartamento de Vera. O poeta bate na janela.

O POETA: Vera!Vera! Abra.

VERA: O que é que há?

O POETA: Estou livre!

VERA: Sérgio, é você?

O MARIDO: O que é que ele quer?

VERA: Ele está livre.

O MARIDO: O que você está fazendo aqui?

O POETA: Estou livre!

VERA: Não grite assim. Você ficou louco? Entre.

(*Vera abre a porta e o poeta entra.*)

O POETA: Me soltaram...

O MARIDO: Quando?

O POETA: Ontem à noite. Tomei o trem de noite e vim diretamente a Bucareste.

O MARIDO: E o que você vai fazer agora?

O POETA: Não sei. Dormir... quero dormir...

VERA (*chorando*)**:** Cadê os seus dentes, Sérgio?

O POETA: Ah, preciso de um café... um café de verdade.

VERA: Tire seu casaco... Sente-se.

O POETA: Oh, meu Deus, tenho vontade de vomitar... Está muito calor aqui.

VERA: O que é que é isso? O que você tem aí?

O POETA: É um relógio quebrado. Foi ela que me deu.

VERA: Quem? Você está delirando, Sérgio.

O POETA: *Ela* finalmente veio me tirar de lá. Não sei como *ela* conseguiu.

VERA: Quem? Quem?

(*O marido de Vera lhe traz um café.*)

O POETA: Obrigado, Marcel. Ah, meu bom Deus, tenho dor de cabeça. (*Ao marido de Vera.*) Marcel, você não tem uma gota de vodka?

O MARIDO: Toma aqui.

VERA: Oh, meu irmão. Desde pequena, só tive problemas com você.

O POETA: Estou com medo. Tenho medo de sonhar. Aqui, pegue minha mala.

O MARIDO: O que é isso, pedaços de um relógio? Você encontrou isso onde?

O POETA: É o meu tempo estilhaçado. Foi o que *ela* disse...

VERA: Vamos lá, calma. Você vai descansar agora. Coma um pouco e depois vou arrumar sua cama...

O MARIDO: Vera, temos três crianças para dar de comer.

O POETA: Bem, preciso falar com vocês. Vou dormir no teatro. Sabem que me nomearam secretário literário de um teatro?

VERA: Sérgio, não vá embora assim. Espere... Espere...

O POETA: Marcelo, teu pulôver bege de lã... está totalmente arrebentado...

O MARIDO: Não faz mal.

VERA: Coma primeiro. Não beba assim...

O POETA (*bebe um gole de vodka*): Tenho que ir. *Ela* continua me esperando na soleira da porta. Vou para Paris com ela.

22

Projeção de vídeo. A cabeça gigante do redator-chefe.

O REDATOR-CHEFE: Camaradas membros da comissão de planejamento editorial. Li com muita atenção as peças de Eugène Ionesco traduzidas para a língua romena pelo camarada Sérgio Penegaru. Aqui estão minhas conclusões. Certas peças escritas pelo escritor de origem romena Eugène Ionesco merecem nossa atenção. Uma de suas peças, por exemplo, *Os Rinocerontes*, pode ser considerada uma bela metáfora da luta antifascista. Considero também que devemos dar muito mais importância a certos escritores franceses contemporâneos. Não esqueçamos que a França tem um Partido Comunista muito forte, talvez o mais forte da Europa ocidental.

Ao mesmo tempo, é preciso sublinhar que o Partido Comunista francês não foi afetado em seu cerne ideológico pelo revisionismo, como é o caso com o Partido Comunista italiano. Por outro lado, é preciso levar em conta o fato de que a maior parte dos intelectuais franceses é gente de esquerda. Na verdade, ou são membros do Partido Comunista francês, ou são simpatizantes do Partido Comunista, ou apoiam ou até fazem parte de um certo número de organizações de esquerda, como o Partido Socialista.

Junte-se a tudo isso o fato de que a maior parte dos intelectuais franceses se mostra muito crítica quanto aos Estados Unidos e ao imperialismo norte-americano. A França é praticamente o país da Europa ocidental que mais se distanciou da política hegemônica norte-americana. A prova é que o general de Gaulle retirou a França da Aliança Atlântica. Os intelectuais franceses são também muito comprometidos com a denúncia da guerra do Vietnã. Aliás, o general de Gaulle, que em breve visitará nosso país, denunciou com veemência, eu cito, "o poder crescente dos Estados Unidos" e o "messianismo norte-americano". Cito ainda o general de Gaulle: "Os norte-americanos estão convencidos de que seu poder está do lado da verdade. Acreditam que o bem está de seu lado e que o mal é seu adversário. Na verdade, a América domina pelo seu dinheiro e por sua economia".

Por todas as razões proponho, portanto, a publicação na Romênia de uma coletânea de peças de Eugène Ionesco, mesmo suas peças que não respeitam os princípios do realismo socialista. Mas, como acentuou nosso Primeiro Secretário do Partido Comunista, o camarada Nicolae Ceauseșcu, nossa sociedade socialista encontra-se numa fase de consolidação. Não temos medo de uma troca cultural com certos países da Europa ocidental. Não temos por que temer, portanto, as peças de Eugène Ionesco, mas devemos, de qualquer modo, preparar prefácios apropriados com as devidas explicações no momento de sua publicação.

23

Uma trupe está quase no final do ensaio geral da peça de Ionesco, *Os Rinocerontes*, diante da Comissão do Ministério da Cultura. Escutam-se as últimas réplicas de Béranger: "Contra todo mundo, eu me defenderei, contra todo o mundo, eu me defenderei! Sou o último homem, e assim permanecerei até o fim! Não vou capitular!".

O POETA (*aos atores*): Obrigado. Pausa, por favor...

(*Aplausos anêmicos do diretor do teatro que assistiu ao ensaio geral. O poeta acende um cigarro. O diretor se aproxima dele.*)

O DIRETOR: Surpreendente. Nunca vi, nunca vi uma coisa igual...

O POETA: É mesmo.

O DIRETOR: Ele é maravilhoso, esse Ionesco.

O POETA: É mesmo.

O DIRETOR: Muito bem. Muito bem. E a sua tradução, Sérgio... está boa... mas...

O POETA: Mas o quê?

O DIRETOR: Nada não, está boa. Espero que passe. É isso aí... Eu não tenho nada de especial a dizer. É, sem dúvida... um começo de sucesso... para uma peça tão difícil... Vamos ver o que a Comissão vai dizer... Não vai ser fácil, vou logo avisando...

O POETA: Escute, a peça foi encenada na Polônia, na Tchecoslováquia. Teve mil representações na Alemanha.

O DIRETOR: Tudo bem, mas... Escute aqui, você sabe que eu te admiro muito... Você me disse que é uma peça antifascista... E introduzi no repertório uma peça... antifascista... Tudo bem. É bom para nosso país que lutou contra o fascismo. Humm. Mas... acontece que... eu, pessoalmente, não vejo muito bem os fascistas nessa montagem. E tenho muito medo de que a Comissão...

O POETA: Entretanto... é muito claro... São os rinocerontes...

O DIRETOR: Está claro talvez para você... Porque você é poeta e porque você traduziu a peça... Mas para o espectador médio... não é tão claro assim... Eu, eu creio que aqueles que representam os fascistas deveriam... usar... suásticas... por exemplo... Ou, não sei, pequenos bigodes à la Hitler... pelo menos diante da Comissão.

O POETA: Mas eles já têm cabeça de rinoceronte...

O DIRETOR: Está bem, mas... na cabeça do rinoceronte não está escrito "fascista"... E, de mais a mais, somos um teatro jovem... Não esqueça a especificidade de nosso teatro... Teremos centenas de crianças na sala. E as crianças amam os rinocerontes... Elas não têm medo. Muito pelo contrário... E mesmo certos adultos, você verá... Eles vão se divertir sem compreender muito bem que esses rinocerontes são perigosos... Penso, portanto, que precisamos de um pequeno esforço no sentido de... É mais a cenografia... e o figurino.

O POETA: Não se pode de jeito nenhum colocar bigode à la Hitler na cabeça de rinoceronte nenhum...

O DIRETOR: Você sabe... Quando a comissão expressar suas "inquietações ideológicas", será tarde demais. É melhor a gente se antecipar. Para não provocar confusão. É por isso que estou falando... as pequenas suásticas... na cabeça dos rinocerontes, por exemplo... Não faz mal a ninguém... E está claro...

O POETA: Me diga, por favor... Seus cabelos... são naturais ou você está usando uma peruca?

O DIRETOR: O quê? (*Mergulhado em suas notas.*) É preciso se mobilizar para encontrar alguma solução... Fora isso... (*Ele folheia suas notas.*) Bem, fora isso, não tem quase nada... Exceto... que é preciso prestar atenção à linguagem dos signos... Você está me escutando?

O POETA: Estou escutando. Me diga então se há signos que o incomodam.

O DIRETOR: Bem, digamos... Só estou aqui pensando um pouco... No começo, quando o primeiro rinoceronte faz sua aparição... Me explica por que a garçonete, quando ela grita "Oh! Um rinoceronte!", aponta para o fundo do auditório...

O POETA: Mas... porque ela está vendo um rinoceronte naquela direção.

O DIRETOR: Um rinoceronte invisível... no auditório?

O POETA: Se você quiser. É uma maneira de implicar o público no...

O DIRETOR: Não, não, meu querido Sérgio. Não envolva o público nessa história... Não, não é possível. Eu sei o que a Comissão vai dizer... Nosso público é formado por pessoas que têm uma grande consciência revolucionária. Não se pode confundir nosso público com um público de rinocerontes.

O POETA: Mas eu não tive a intenção de...

O DIRETOR: Não, não e não. Nosso público não tem nada a ver com o que se passa nessa peça. Não há rinoceronte potencial no seio de um público composto de operários, de quadros do Partido, até mesmo de militares... Vamos ter que pedir à atriz... para refazer a cena...

O POETA: Mirela, venha cá, por favor. Repita, por favor, a cena em que você vê o primeiro rinoceronte, sem apontar para o auditório.

(*A garçonete repete a cena gritando "Oh! Um rinoceronte!". E aponta para o lado do jardim.*)

O DIRETOR: Não está bom.

O POETA: Por quê?

O DIRETOR: Não está bom. Eu lhe disse que não está bom, Sérgio. Se ela aponta para ao lado do jardim, fica ainda pior.

O POETA: E por quê?

O DIRETOR: Porque, na verdade, ela aponta na direção... da sede do Comitê Central do Partido Comunista.

O POETA: Ah, bom!

O DIRETOR: Ora, é tão claro. Evidente.

O POETA: É.

O DIRETOR: E isso pode provocar interpretações constrangedoras. Na verdade, sei que você me acha chato... Mas é melhor tomar logo as precauções... antes mesmo que a Comissão se pronuncie... senão Ionesco não terá o aval da Comissão... Jamais, jamais... pelo menos nessa forma...

O POETA: Tá bom. (*Para a atriz.*) Mirela, você pode repetir isso, mas não aponte mais naquela direção.

(*A garçonete repete a cena apontando para o lado do pátio.*)

O DIRETOR: Assim também não dá.

O POETA: Por quê?

O DIRETOR: Não, nessa direção, não. Não pode apontar para o lado que dá para o pátio porque é o lado onde se encontra... a embaixada da União Soviética. Você não sabe de cabeça o mapa de Bucareste? Não me olhe assim... Só estou dizendo o que a Comissão dirá... Como você pode trabalhar, camarada diretor, sem ter bem claro na cabeça o mapa de nossa capital com os lugares de nossas instituições bem marcados no espaço?

O POETA: Mirela, aponte, por favor, para o fundo do palco.

O DIRETOR: Não, isso tá fora. Desse lado se encontra o ministério da Defesa. Você quer que se fale por aí que a atriz alude aos militares de nosso país que heroicamente defendem dia após dia as fronteiras de nosso país socialista?

O POETA: Será que ela pode apontar para o céu?

O DIRETOR: Para o céu? Num país ateu? Eu proponho que ela fique imóvel.

O POETA: Sim... Mirela, fique parada.

O DIRETOR: Ela deve ficar de olhos fechados... No final das contas, é uma peça histórica, não é? O fascismo foi banido. Portanto, ela está se lembrando de uma história do passado...

O POETA: Mirela, feche os olhos...

(*Ela fecha os olhos. Tudo escurece.*)

24

À noite, no restaurante da União dos Escritores.
Mitzi e o poeta.

O POETA: Mitzi? Estou morto?

MITZI: Não fale, camarada Penegaru. Chamamos o Samu. A ambulância deve estar chegando a qualquer hora.

O POETA: Mas o que está acontecendo. Mitzi?

MITZI: O senhor passou a noite no restaurante de novo. E essa manhã, quando cheguei, o senhor estava cheio de sangue.

O POETA: Sangue? Vomitei sangue?

MITZI: Um pouco, sim.

O POETA: E o meu passaporte? Espero que não tenha manchado de sangue o meu passaporte... Procure no meu paletó, Mitzi. O meu passaporte está limpo?

MITZI: Sim.

O POETA: E as minhas passagens de trem?

MITZI: Sim.

O POETA: Ufa! Você sabe que eu vou para Paris, hoje à noite. Vamos fazer uma turnê. Vamos representar *Os Rinocerontes* em Paris, para Ionesco. Vou lhe trazer um presente de Paris. O que você quer, Mitzi?

MITZI: Um batom perfumado.

O POETA: Um batom perfumado. Tá prometido: vou trazer um batom perfumado para você.

MITZI: Sim.

O POETA: Por que não consigo mexer meus braços, Mitzi?

MITZI: Não sei, senhor *Sérgio*. Mas não fique muito agitado. A ambulância está a caminho.

O POETA: Você imagina, Mitzi? Amanhã de manhã, eu estarei em Viena. E no dia seguinte de manhã, em Paris, na estação do Leste. Você sabe o que vou fazer, assim que eu chegar na estação do Leste?

MITZI: Não.

O POETA: Vou até Montmartre. Você sabe o que é Montmartre?

MITZI: Não.

O POETA: É uma colina. Um pouco como a colina *Dealul Spirii* aqui de Bucareste. Da estação do Leste vou a pé e vou subir Montmartre. Tem uma igreja em cima da colina, ela se chama Sacré-Coeur. Vou ficar ali nos degraus diante do Sacré-Coeur e fumar um cigarro.

E vou olhar Paris do alto... Não posso esquecer de comprar cigarros, Mitzi...

MITZI: O senhor está falando demais, senhor *Sérgio*.

O POETA: E depois vou descer por pequenas ruelas e pelas escadarias... E vou a Saint-Germain-des-Près... para beber um café no Deux Magots.

MITZI: Deixa eu tirar essa camisa.

O POETA: Claro, claro. Preciso ir para Paris com uma camisa limpa. Você sabe o que é um *magot*?

(*Barulho de um veículo que para diante do restaurante.*)

MITZI: Pronto, a ambulância chegou. Fique calmo... vou abrir a porta para eles.

(*Mitzi sai. Pouco a pouco, a atmosfera se torna irreal. Estamos de novo no bistrô surrealista. Os frascos gigantes se iluminam gradualmente, as silhuetas dos autores "presos" nos frascos aparecem. Mitzi volta.*)

MITZI: De todo modo, não é a ambulância que acaba de chegar. É um caminhão de mudança. Acho que eles se confundiram. Chamei uma ambulância e eles me mandaram um caminhão de mudança.

O POETA (*rindo timidamente*): O que você está dizendo. É um caminhão de mudança. Mas está certo, então...

MITZI: Tenho que chamar de novo... Fique tranquilo...

O POETA: Não, Mitzi. Não se preocupe... Não vale a pena... Se é o de mudança, é porque está certo...

(*Escuta-se o barulho do líquido que sobe nos frascos de vidro. Imagem: o poeta está no meio da sala, rodeado pelas silhuetas dos poetas e dos escritores franceses que tanto admira. Pouco a pouco, as silhuetas se animam, na medida em que o líquido preenche os frascos. Diminui a luz. Acende-se um cigarro no escuro, diante do "frasco" onde se encontra a imagem de Ionesco.*)

É você, mestre? O senhor veio afinal? Viu meu espetáculo? É difícil expressar o quanto isso me deixa feliz...

(*O cigarro de Ionesco se desloca, como se estivesse andando sozinho no escuro. É como se Ionesco, o próprio, se aproximasse do poeta. Dois homens da mudança entram trazendo uma mesinha típica de café parisiense junto com duas cadeiras. O poeta se senta à mesa, enquanto "o cigarro" se senta – sempre no ar, levado pela mão invisível de um ser invisível – ao lado do poeta. A sensação é de estar na esplanada de um café parisiense onde o poeta conversa com Ionesco.*)

O POETA (*olhando a rua*): Apesar de tudo, Paris é bonita... E, no entanto, escutei mil vezes a frase "Paris não é mais a mesma". Sempre tive medo desse encontro. Aliás, sempre disse a mim mesmo... Se você vai a Paris, o que te resta como sonho? Quando se tem uma tendência para o otimismo, Paris é uma cidade que se deve evitar a todo custo. Para poder fantasiando à vontade sobre Paris, de cara é preciso ter uma firme decisão interna de não ir a Paris jamais, jamais, jamais...

(*Os dois homens da mudança com duas réplicas das "porcelanas" do café "Les Deux Magots". Eles colocam as duas porcelanas chinesas cada uma de um lado da mesa. O poeta procura no bolso e acende um cigarro. O público deve ter essa imagem surrealista – como que saída de um quadro de Magritte: um homem que fuma sentado à mesa com um... cigarro que fuma sozinho.)*

O POETA: Ah, é bem forte essa marca Gauloises... Você nos ajudou a resistir, senhor Ionesco... Suas cadeiras vazias, seus rinocerontes, sua cantora careca, seus alunos socados pelo seu professor... isso nos deixou perplexos...

(O poeta se vira para um dos homens da mudança. Os dois se aproximam e trazem dois cafés para a mesa.)

Não sei por quê, mas nós, os romenos, quando chegamos em Paris, temos a impressão de chegar em casa, num tipo de pátria mental... Mas isso deve também acontecer com os outros... A França talvez seja a pátria mental de todos... Beber um café em Paris numa esplanada já se configura um ato cultural... É uma forma de êxtase.

(Os dois homens da mudança saem com dois "frascos". O mesmo jogo continua durante um bom tempo. Terminam levando tudo.)

Você diz num artigo de juventude, senhor Ionesco, que tem dificuldade de imaginar esta cidade habitada por pessoas que nada sentissem ao passar diante dos monumentos. Como outrora os colonizadores europeus diante dos templos da Índia. É verdade que, se a França desaparecesse um dia, seria preciso inventá-la em outro lugar... Para mim e minha geração, a França é, na verdade... uma recusa a viver de qualquer jeito, sem estilo... Eis uma definição da França... Se a França desaparecesse, teria que ser reconstruída aos pedaços, pelo mundo inteiro... em todos os continentes, em todos os países. Sim, talvez um dia os franceses venham a desaparecer... mas sempre haverá gente que terá necessidade, para ser feliz, de flanar, de comprar livros velhos nos sebos das margens do Sena, de olhar o espetáculo do mundo sentado num café... E a todas essas pessoas tão diferentes que terão necessidade de um estilo de vida para ser feliz, teríamos que lhes dar um nome... e vamos chamá-los de *franceses*.

(*Um dos homens da mudança traz um cinzeiro. O cigarro de Ionesco se apaga sozinho no cinzeiro.*)

Obrigado por esse passeio e por esse momento, senhor Ionesco... Conversar com o senhor num café de Paris foi a coisa mais maravilhosa que me aconteceu em toda a minha vida.

(*O poeta apaga, ele também, seu cigarro no cinzeiro. Os homens da mudança continuam seu trabalho. Eles levam os cinzeiros, as xícaras, a mesa. A cadeira vazia de Ionesco, as duas porcelanas chinesas, a cadeira na qual o peta estava sentado. E finalmente levam também o poeta. A cena fica vazia. Escuta-se, em romeno, a canção da prisão de Sighet: "Să trăiască partizanii pînă vin americanii!"/ "Vives les partisans jusqu'à l'arrivée des Américains!".*)

FIM

CENAS SUPLEMENTARES

Escrevi várias cenas que acabaram não sendo integradas à peça, mas proponho aos diretores e leitores ler assim mesmo...

M.V.

Cena Suplementar I

(*O sinal da RFI.*)

O JORNALISTA: Aqui Paris, RFI, Radio France Internacional. Nossa convidada, hoje, para nossa revista *Exílio e Memória*, é a senhora Sanda Stolojan. Senhora Sanda Stolojan, boa noite.

SANDA STOLOJAN: Boa noite.

O JORNALISTA: A senhora é poeta, ensaísta, tradutora... Nasceu na Romênia, numa família de intelectuais e diplomatas, coisa pela qual o regime comunista, aliás, nunca a perdoou depois de 1948. A senhora foi declarada "inimiga do povo", foi proibida de ensinar e trabalhar na imprensa. Mas, milagre dos milagres, em 1958, a senhora foi "comprada", praticamente comprada, junto com seu marido, por um membro de sua família que vivia na França e que pagou a soma de 25 mil dólares para que pudesse deixar a Romênia. O regime comunista lhe retirou a nacionalidade romena e a senhora chegou à França como apátrida com um salvo-conduto que vinha marcado "válida para uma só viagem". Vamos voltar a todo esse período, mas antes de tudo vamos falar de um livro, um livro que a senhora publicou nas Edições Herne cujo título é... *Com de Gaulle na Romênia*... porque, senhora Sanda, a senhora foi intérprete do general de Gaulle quando de sua famosa visita de Estado ocorrida em maio de 1968 na Romênia, a convite do então presidente Nicolae Ceaușescu.

SANDA STOLOJAN: Sim, o regime que me exilou, me aceitou em 1968, como intérprete do general...

O JORNALISTA: De certo modo, essa visita foi completamente surrealista, senhora Stolojan.

SANDA STOLOJAN: A visita foi surrealista por duas razões. Primeiro porque o general percorreu então um país que lhe deu uma acolhida popular de um calor e de intensidade extraordinários, ao passo que em Paris os estudantes ocupavam a Sorbonne. Em segundo lugar, a visita foi de certa maneira surrealista porque de Gaulle nunca tinha visto um casal presidencial tão idiota, tão constrangido e tão tenso como o casal Ceaușescu. Eu me lembro, por exemplo, de um jantar no conselho de estado em Bucareste. De Gaulle fazia todo o possível para descontrair o ambiente, para "entreter". Mas os Ceaușescu não tinham o hábito de conversar socialmente. Imagine a seguinte cena. O general se vira para a senhora Ceaușescu e lhe diz: "Então, senhora, o que se come na Romênia?". Uma simples pergunta convencional, mas que desestabiliza totalmente a primeira dama. Ela fica em pânico, ansiosa e encolhida, e, não ligando para minha tradução, procura o olhar de seu conselheiro e pede que fale em sua orelha o sentido oculto da pergunta. Para ajudá-la um pouco, o general se mostra... generoso e continua: "Ouvi falar que vocês comem muita polenta, como na Itália". A nova frase intensifica o estado de choque da senhora Ceauşescu: fica morta de medo de dar uma resposta errada, de cometer um erro de estado. Fica paralisada, com a boca aberta, a polenta na Romênia é prato de pobre, ela pensa talvez que de Gaulle faz alusão à coletivização forçada... Sabe-se lá. Enfim, com um sorriso forçado e idiota, faz que sim com a cabeça. O general de Gaulle decide então mudar de assunto e falar de cultura com os dois anfitriões. E lembra alguns nomes romenos que foram assimilados à cultura francesa: Brancusi, Cioran, Eliade, Ionesco... A cada nome citado, o presidente Ceauşescu e sua esposa fazem "sim" com a cabeça. Mas tenho certeza de que eles nunca, jamais, haviam escutado esses nomes antes...

O JORNALISTA: A senhora diz em algum lugar do livro que aquele que em breve se tornaria o ditador da Romênia, Ceauşescu, ficou profundamente tocado durante a visita pelo... amor que o povo romeno havia demonstrado ao general.

SANDA STOLOJAN: Para os romenos, essa visita foi verdadeiramente um grande momento de emoção, como, aliás, para a delegação francesa também. Pelo menos uma vez, os romenos saíram em massa, por vontade própria, sem serem empurrados ou obrigados pelo poder, para saudar a França. O general fez uma memorável visita ao interior, a 200 quilômetros de Bucareste. Durante todo o percurso, centenas de milhares de romenos se amontoavam de um lado e de outro da estrada para aclamar de Gaulle, que encarnava, para eles, a esperança, a abertura... Era, aliás, a primeira visita de um chefe de estado ocidental à Romênia desde a guerra, e os romenos viam na pessoa do general o espírito da resistência, a luz no fim do túnel...

O JORNALISTA: Mas isso foi uma falsa esperança.

SANDA STOLOJAN: Sim, o paradoxo é que, depois da visita do general, Ceaușescu também quis ser homenageado do mesmo jeito. De alguma maneira, vingou-se da população, que, depois disso, foi obrigada, durante suas viagens dentro do país, a lhe outorgar as mesmas honras e as mesmas calorosas aclamações que haviam dirigido ao general de Gaulle.

(Projeção de cenas de histeria coletiva diante de grandes ditadores: Hitler, Mussolini, Stálin, Ceaușescu, Mao, etc.)

Cena Suplementar 2

O doutorando diante da banca formada pelo presidente do júri e vários professores.

O PRESIDENTE DO JÚRI: Resumindo, você escreveu uma tese de setecentas páginas com o título *O Complexo Ionesco na Romênia*, na qual você tenta demonstrar que a cultura romena está inibida, há várias décadas, por causa de Ionesco. Mais precisamente por causa de seu sucesso literário mundial. É isso, não é?

O DOUTORANDO: Sim, porque todos os escritores romenos sonham em se equiparar a Ionesco, pelo menos no que diz respeito à sua notoriedade internacional.

O PRESIDENTE DO JÚRI: O que lhes torna impotentes do ponto de vista cultural, é isso que você afirma.

O DOUTORANDO: Exatamente. Impotentes e preguiçosos.

PROFESSOR 1: Porque, como o senhor diz mais adiante, como eles acreditam que de todo modo Ionesco não pode ser nem igualado nem ultrapassado em notoriedade, isso os coloca numa espécie de preguiça existencial. Aliás, o senhor diz, não foi só Ionesco o único a provocar esse bloqueio de espírito criador romeno, mas o trio infernal Ionesco-Cioran-Eliade. O senhor considera que o êxito desses três escritores, em campos diferentes, aliás, paralisou a massa cinzenta romena. Diz também que seu modelo é impossível de ser ultrapassado no imaginário romeno, o que criou um tipo de hipnose coletiva entre os intelectuais romenos, que, de todo modo, têm desde sempre o olhar estupidamente fixado no Ocidente.

O DOUTORANDO: Sim, creio que essa fascinação mórbida pelo Ocidente dilui nossa energia criativa.

PROFESSOR 1: Porque, diz o senhor, os artistas romenos esperam sempre o reconhecimento do Ocidente. Na sua cabeça, o que não é validado pelo ocidente não tem valor.

O DOUTORANDO: Sim, e, aliás, todos os artistas do Leste Europeu estão nessa situação de orfandade cultural. É o ocidente que distribui as notas.

O PRESIDENTE DO JÚRI: E o senhor nomeia esse processo de eclipse cultural. O ocidente domina desde sempre o Leste Europeu que não vive mais por si mesmo, mas por procuração. De onde vem a necessidade, diz o senhor, de matar Ionesco...

O DOUTORANDO: Sim, trata-se, é claro, de um sacrifício simbólico. Matar Ionesco seria um grande alívio para a cultura romena.

O PRESIDENTE DO JÚRI: E o senhor propõe simplesmente um tipo de embargo a Ionesco, e isso o senhor faz agora, depois da queda do comunismo.

O DOUTORANDO: Na verdade, estou certo de que, se esquecêssemos por uma década, por exemplo, Ionesco, Cioran e Eliade, haveria uma retomada da cultura romena.

PROFESSOR 2: O que não impede que o senhor tenha escrito sua tese em francês, mandou traduzi-la para o inglês e está procurando um editor no Ocidente.

O DOUTORANDO: Sim, digamos que...

O PRESIDENTE DO JÚRI: Senhor doutorando, quer saber o que penso do seu trabalho? Aproxime-se, por favor. (*O doutorando se aproxima. Calmamente o presidente do júri começa a rasgar a primeira página da tese do doutorando.*) Não lhe dou o doutorado, senhor. (*Ele eleva o tom.*) Não passou. E isso por duas razões. A primeira razão é que... o senhor não terá necessidade desse doutorado... (*Ele tira uma faca.*) E a segunda razão é que... justamente porque o senhor tem razão, não quero que isso se espalhe...

O DOUTORANDO: Senhor...

(*Professor 1 e Professor 2 também tiram seus facões e começam a agredir o doutorando.*)

O DOUTORANDO (*em pânico*): Senhora... Senhor... Senhores... Senhores e senhoras... Eu imploro...

Eu peço... Isso não é normal... Eu... Nós... Oh... Estou morrendo... Eu...

(*O doutorando é morto da mesma maneira que o aluno é morto na peça de Ionesco* A Lição. *As três personagens atacam furiosamente a vítima que grita, cai por terra, tenta correr, buscar ajuda, etc. Os três professores matam o doutorando. As facas ficam enfiadas no corpo daquele que continua a se contorcer. Entretanto, os três professores rasgam a tese de doutorado e jogam as folhas no corpo da vítima. As folhas ficam vermelhas de sangue.*)

O PRESIDENTE DO JÚRI: Trapo humano. Queria matar Ionesco... Bem feito...

PROFESSOR 1: Tá aqui o seu doutorado! Tchau!

O PRESIDENTE DO JÚRI: Mitzi!

(*Mitzi chega munida de um balde e várias vassouras. Começa a limpar o chão. O presidente do júri abre um alçapão escondido no assoalho e joga o corpo do doutorando no que parece ser um porão.*)

MITZI (*abrindo a porta*): O próximo!

Cena Suplementar 3 (possível cena final)

Uma coisa surpreendente se passa na cena: os atores começam a se agitar de uma maneira estranha, olhando o fundo da sala, cochichando entre eles, etc. Eles se comunicam também, por sinais, com alguém que está no fundo da sala. Uma certa agitação acontece também nas proximidades das portas que dão para a sala do teatro.

ATOR 1 (*em direção da pessoa que se encontra no fundo da sala*)**:** Ele está chegando?

(*Ator 3 entra na sala correndo.*)

ATOR 3: Ele está aí... Chegou... (*Subindo no palco.*) Ele vem a pé. Está na frente do teatro...

(*Emoção indescritível entre os atores.*)

ATOR 1: Você tem certeza?

ATOR 2 (*para o público*)**:** Olha, ele está chegando...

ATRIZ 1 (*para o público*)**:** Minhas senhoras, meus senhores. Interrompemos aqui nosso... nosso espetáculo porque... é o senhor Ionesco que acaba de chegar...

ATOR 2: Ionesco estará conosco esta noite...

ATOR 4: Ionesco está subindo as escadarias do teatro...

ATRIZ 2: Ionesco está entrando no teatro...

ATOR 1: Ionesco está atravessando o *hall* do teatro...

ATOR 2: Ionesco está deixando o casaco e o chapéu no vestiário.

ATOR 3: Ionesco assoa o nariz.

ATOR 4: Ionesco se olha num dos espelhos do *hall* do teatro...

ATRIZ 1: Ionesco acende um cigarro... e Ionesco entra, com o cigarro aceso na sala do teatro...

ATRIZ 2: Mas, sim... Por que não? Eugène Ionesco tem o direito de entrar com o cigarro aceso...

ATOR 1: Senhoras, senhores... Eu lhes peço... Aplausos para Ionesco... Vamos aplaudir de pé... Por favor, senhoras e senhores... Eugène Ionesco está entre nós!

(*Apagam-se as luzes. Um cigarro aceso entra no auditório e atravessa o espaço, como se fosse um objeto mágico. Pode também, eventualmente, ser "manipulado" por dois marionetistas vestidos de preto com o rosto coberto por um capuz preto. Nos minutos seguintes, o cigarro se consome todo sozinho como se fumado por um fantasma.*)

ATRIZ 1 (*com um buquê de flores à mão, corre para receber Ionesco na sala*): Mestre Ionesco! Obrigada, obrigada por ter vindo! Por aqui... Por aqui, senhor Ionesco... É comovente...

ATOR 1: Estamos realmente muito emocionados...

ATOR 2: Obrigado... Obrigado, senhor Ionesco... Obrigado por ter vindo ao nosso teatro... de algum modo romeno... Peço permissão para dizer "Seja bem-vindo" em romeno? *Fiți binevenit!*

(*A Atriz 1 acompanha o cigarro aceso – e implicitamente o personagem invisível de Ionesco – até a primeira fila e o coloca numa poltrona reservada da primeira fileira. A atriz coloca em seguida o buquê de flores sobre a poltrona. O cigarro aceso fica suspenso em cima da poltrona. Todos os atores aplaudem.*)

ATOR 2: Obrigado, obrigado de todo coração por ter vindo, senhor Ionesco...

ATOR 3 (*para o público*)**:** Senhoras, senhores, temos a honra... a felicidade... a sorte... de ter conosco nesta sala... o fabuloso escritor que se chama Eugène Ionesco... a quem queremos homenagear... porque hoje, que ele festeja seus cem anos... (*Para Ionesco.*) E porque o senhor é de origem romena, querido Mestre, e porque sua primeira língua literária foi a língua romena, vamos cantar "Parabéns a você" em romeno!

(*Aplausos. Os atores cantam "Parabéns a você" em romeno.*)

Mulți ani trăiască
Mulți ani trăiască
La mulți ani!
Și cine să trăiască?
Și cine să trăiască?
Eugen Ionescou să trăiască!

(*O senhor cego entra.*)

O SENHOR CEGO: Ele está aí?

ATOR 1: Sim.

O SENHOR CEGO: Onde está ele?

ATOR 2: Ele está na primeira fila na sua frente.

O SENHOR CEGO: Ele me vê?

ATRIZ 1: Sim, claro.

O SENHOR CEGO: Quero cumprimentá-lo. Diga-lhe que quero lhe dar um aperto de mão.

ATOR 1: Senhor Ionesco, um senhor cego gostaria de lhe dar um aperto de mão.

(*O senhor cego dá um aperto de mão em vários espectadores.*)

O SENHOR CEGO (*fala em romeno*): CE MAI FACI, EUGEN? CE MĂ BUCUR SĂ TE VĂD... (*Para o público.*) Vocês lhe disseram? Ele sabe?

ATOR 1: Senhor Ionesco, um senhor cego quer oferecer um presente de aniversário... (*O senhor cego tira do interior de seu casaco um dossiê enorme.*)

O SENHOR CEGO: Senhor Ionesco, temos um presente para o senhor... Aqui, senhor Ionesco... o seu dossiê... seu dossiê da *Securitate*, a polícia política romena...

ATOR 1: Sete mil páginas mais ou menos... Relatórios sobre o senhor e seus encontros com os membros da diáspora romena...

ATOR 2: Relatos sobre os romenos que o visitavam em Paris.

ATOR 3: Os relatos redigidos obrigatoriamente para *la Securate* pelos escritores, universitários e os intelectuais romenos que passaram por Paris e que o encontraram...

ATOR 4: Todos os artigos nos quais o senhor ou falou da Romênia ou pronunciou o nome da Romênia...

ATRIZ 1: Todas as transcrições das entrevistas que deu para as "execráveis" estações de rádio, a saber, Radio Free Europe, Radio France Internationale...

ATRIZ 2: Relatórios das suas conferências no exterior... e também sobre estudantes romenos que quiseram fazer na Romênia trabalhos de doutorado sobre suas obras.

ATOR 1: Mais extensos ainda, relatos sobre tradutores romenos que se dedicaram à sua obra, as cópias de suas respostas enviadas para a Romênia...

(*Os atores começam a distribuir na sala as folhas do dossiê.*)

ATOR 2: Todos os detalhes da operação "A Romênia de Olhos Azuis" através da qual a polícia política queria convencê-lo a não criticar o regime... A descrição das missões dos envolvidos em tal operação...

ATOR 3: E depois... a cereja do bolo... A condenação contumaz da qual o senhor foi vítima em 1947... Onze anos de prisão por ofensa feita às Forças Armadas e implicitamente à nação romena.

ATOR 4: Porque o senhor escreveu antes da guerra as seguintes palavras: "Nunca um tipo humano me pareceu mais vergonhoso para a humanidade que o oficial romeno ou o comissário romeno ou o procurador romeno. Aliás, o oficial jamais representou a virilidade da nação, ele foi outra coisa, um tipo de comadre, feia, louca, burra e maldosa".

ATOR 3: Então, o senhor pagou caro por isso. Onze anos de prisão correcional e cinco anos de interdição de direitos cívicos... Mas como já estava em Paris...

ATOR 1: Pegue, tome tudo isso aqui, senhor Ionesco... todo esse material poderia ter dado uma peça fabulosa...

ATOR 2: E com seu faro para o humor e o absurdo...

ATOR 3: O senhor poderia ter escrito...

ATRIZ 1: Mas, na verdade, o que queríamos mesmo é lhe dizer...

ATRIZ 3: É... Obrigada... Obrigada, senhor Ionesco...

O SENHOR CEGO: Mulţumesc... Mulţumesc... O senhor nos ajudou a aguentar...

(*O cigarro que se consome sozinho chega ao fim.*)

ATOR 1: E continua a nos ajudar...

(*Os atores trazem um cinzeiro enorme e os dois marionetistas apagam a bituca no cinzeiro. Ionesco se "foi". Projeções: imagens de Ionesco.*)

Dados Internacionais de Catalogação na Publicação (CIP)
(Câmara Brasileira do Livro, SP, Brasil)

Visniec, Matéi
  Da sensação de elasticidade quando se marcha sobre cadáveres: peça livremente inspirada na obra de Eugène Ionesco / Matéi Visniec; tradução Luiza Jatobá. – São Paulo: É Realizações, 2012. –
(Biblioteca teatral - Coleção dramaturgia)

  Título original: De la sensation d'elasticité lorsqu'on marche sur des cadavres: pièce librement inspirée de l'oeuvre d'Eugène Ionesco.
  ISBN 978-85-8033-107-3

  1. Ionesco, Eugène, 1909-1994 2. Teatro francês (Escritores romenos) I. Título. II. Série.

12-11469   CDD-842

Índices para catálogo sistemático:
  1. Teatro : Literatura francesa   842

Este livro foi impresso pela Gráfica Vida & Consciência para É Realizações, em outubro de 2012. Os tipos usados são da família Sabon LT Std e Helvética Neue. O papel do miolo é alta alvura 90g, e o da capa, cartão supremo 250g.